我
们
一
起
解
决
问
题

The Leader's
Guide to Negotiation
How to Use Soft Skills to Get Hard Results

如何成为
谈判
专家

快速掌握谈判心理学
和谈判软技能

［英］西蒙·霍尔顿（Simon Horton）◎著

魏　颖◎译

人民邮电出版社
北　京

图书在版编目（CIP）数据

如何成为谈判专家：快速掌握谈判心理学和谈判软技能／（英）西蒙·霍尔顿（Simon Horton）著；魏颖译. -- 北京：人民邮电出版社，2021.5
ISBN 978-7-115-56348-4

Ⅰ. ①如… Ⅱ. ①西… ②魏… Ⅲ. ①谈判学－社会心理学－通俗读物 Ⅳ. ①C912.35-49

中国版本图书馆CIP数据核字(2021)第064575号

内 容 提 要

谈判中最有利的两个字是什么？最有用的问题是什么？谈判者应该友善还是态度强硬？如何打破僵局？是否可以让步且何时应该让步？如何对付不择手段的伎俩？

任何涉及人的事情在某种程度上都会涉及谈判，无论对方是上司、合作伙伴、同事，还是家人、朋友，无论你是想获得订单，还是希望升职加薪，抑或是享受更大的购物折扣。

本书作者西蒙是世界知名的谈判专家，曾服务于极负盛名的跨国企业、银行、律师事务所等，他还教授人质谈判技巧。他以可遵循的结构和流程，分别从准备工作、谈判心理学、解决问题、寻求信任四个维度，介绍了实用的谈判理论、工具、原则、行动要点和技能，指导人们在各种谈判场合达成合作、实现强势共赢。阅读本书，不仅能使工作和生活更高效，还能学会与难相处的人打交道。

本书适合每一个渴望提升谈判技巧的人阅读，尤其适合职场人士，也可作为相关培训机构的参考读物。

◆ 著　[英]西蒙·霍尔顿（Simon Horton）
　　译　魏　颖
　　责任编辑　田　甜
　　责任印制　胡　南

◆ 人民邮电出版社出版发行　　北京市丰台区成寿寺路 11 号
邮编 100164　电子邮件 315@ptpress.com.cn
网址 https://www.ptpress.com.cn
北京七彩京通数码快印有限公司印刷

◆ 开本：880×1230　1/32
印张：8.375　　　　　　　　　　2021 年 5 月第 1 版
字数：170 千字　　　　　　　　2025 年 11 月北京第 12 次印刷
著作权合同登记号　图字：01-2020-7448 号

定　价：59.80 元
读者服务热线：（010）81055656　印装质量热线：（010）81055316
反盗版热线：（010）81055315

任何人，从新手到专家，都会在这本书中找到提升谈判技巧的合理建议。本书介绍的谈判技巧不仅适用于日常生活中的各种微谈判，还适用于重要的交易。

——英国皇家艺术学院教授

阿什利·霍尔（Ashley Hall）

这本书帮助我思考如何谈判。如果你想在提升业务能力的同时，还能拥有良好的人际关系，那么这本书值得研究。

——Yo！公司创始人

西蒙·伍德罗夫（Simon Woodroffe）

这是一本有趣的、实用的书，作者向我们展示了如何实现共赢谈判。

——畅销书作者、沃顿商学院教授

亚当·格兰特（Adam Grant）

谈判是成功的商业人士必备的技能之一。在这本书中，你将获得独特的见解并学会富有成效的谈判策略，这将改变你的职业生涯。我强烈推荐这本书。

——IBM、惠普、EDS 欧洲区高级主管

肖恩·芬南（Sean Finnan）

我的整个职业生涯都在做生意，我知道谈判在任何情况下都很重要，也知道它有多困难。这本书写得很好，我强烈推荐。

——阿文代尔（Avondale）公司销售部主管
凯文·汉丁（Kevin Hounding）

实际上，我们在生活中所做的每一件事都涉及谈判。许多重要问题——国家的政治前途、公司的业务范围、房屋购买——都取决于谈判。这本书为你提供了有效的工具和实用的技能，让你享受你的商业和生活之旅。

——伦敦资本集团（London&Capital）执行董事
马克·埃斯库尔特（Mark Estcourt）

理念是乐观的，技术是实用的，例子是难忘的。对于一本商业书籍，你还能要求什么呢？我强烈推荐这本书。

——纳税人联盟（Taxpayers' Alliance）主席

安德鲁·阿鲁姆（Andrew Allum）

人最终都会死，这是不可谈判的。除此之外，其他的一切都是可以商量并争取的。

本书是关于谈判的。谈判在我们的生活中无所不在。只要涉及人，就会涉及谈判。

在商业活动中，谈判是最核心的技能，没有之一。销售和采购显然依赖于例行的谈判，法律团队也大致如此。这些都是企业的对外谈判，而一个组织的成功与否还取决于每时每刻都在进行的内部谈判。这些无处不在的微谈判发生在管理层与员工之间、同事之间、团队之间、部门之间，我们几乎注意不到它们，但它们都是企业赖以生存的基础。高绩效组织是指那些成功和迅速地进行内部微谈判的组织。改善这类谈判将是企业提高盈利能力的有效途径。

虽然这本书是为参与专业性谈判的人而写的，但实际上，它将对参与任何形式谈判的人都有用，这意味着我们都需要这本书。

想让你的伴侣顺手把垃圾带出去吗？想搬家吗？想升职吗？希望以更低的价格买下你心仪的靴子吗？你是否正在因为欠款而和税务员打交道？无论你遇到上述哪个场景，这本书都会帮到你。

不可否认的是，任何涉及人的事情都会在某些时候涉及谈判。

我讲授谈判技巧已经十年了。我指导过人质谈判专家、律师、投资银行从业者和大型制造公司的员工。无数人已经从本书中受益，本书将帮助更多的人在各种类型的谈判中获得更好的结果。

本书实用性很强。它将消除谈判的神秘性，并为你提供可遵循的结构和流程。在一个清晰的框架中，你会学到你所需要的一切，以达成最好的交易。你可以睡个安稳觉，因为你知道交易将按照约定全面实施。

想一想你所参与的各种谈判，不管是工作中的还是生活中的，停下来思考本书中的内容是如何适用于不同的谈判场景的。

我的目标是让这本书比你读过的其他书都更有助于你的生活，我相信它可以做到这一点。但要做到这一点，你必须尽自己最大的努力。

这本书真的会帮你达成最好的交易！

目　录

第一篇

谈判无处不在

THE LEADER'S GUIDE TO
NEGOTIATION

第 1 章

什么是谈判

谈判其实不是很重要。接下来的协议、合同和签字也都不重要。既然它们都不重要，那么，我为什么要写一本关于谈判的书呢？

为了回答这个问题，我先来定义一下相关的术语：到底什么是谈判？一个好的定义可能是这样的：

双方或多方当事人就将要执行的某一行动达成协议的过程。

上述定义是毫无争议的。然而，它明确指出了一个常常被忽视的关键事实：谈判是一个更大进程的一部分。事实上，谈判是更大进程的第一阶段，其包括：

（1）商议；

（2）达成协议；

（3）实施行动。

到目前为止，这些过程中最重要的是最后一个。因为如果最终的执行过程不能达到标准，那么谈判就毫无意义，双方签署的合同也没有意义。

当我们提到谈判时，我们往往会想到讨价还价、唇枪舌剑、掰手腕。但所有这些只是达到目的的手段，这些手段只是为了推进你将要采取的行动。如果事情最终以不同于你所希望的方式发生，那么你在谈判桌上取得的所有伟大胜利，以及所有旁边有签名的漂亮言辞都将毫无意义。

这个隐藏在定义中的小细节，对你应该如何谈判有着巨大的影响，本书的很多内容都将遵循这个原则。

无论是生活，还是工作，最简单的原则就是拥有一个愿景，并让它成为现实，这个愿景可以让事情变得更好。我们如何变得更好？流程如何变得更好？一个产品如何才能更好？你的团队、部门或组织如何变得更好？一个行业如何发展得更好？社区如何变得更好？世界如何变得更美好？

如果你是一位领导者，你需要做的就是让上述这些愿景成为现实。你可以通过其他人让它发生，因为你用你的远见卓识激励着他们，所以他们也想让这些愿景成为现实。

当然，他们视你为榜样并被你的远见所鼓舞。《美国陆军领导人手册》（*US Army Leader's Manual*）一开始就提出了一个基本前提，即领导力基于三要素：做、知、行。其中第一个是做，而行动源于性格。

领导者要有强烈的意识和价值观，知道自己是谁以及相信什么。我们的价值观要求我们负责任。换句话说，如果我们没有形成根深蒂固的价值观，那我们就很难实现自己的理想。我们只有在心中有数时，才能以更高的标准行事。

领导者知道自己的价值观，而且他们的价值观与愿景一致。他们的行为也是如此。领导者言出必行，做不到这一点，他们就会快速地失去拥护者。

这与成为首席执行官或总经理无关，与任何头衔无关。波林·皮尔斯（Pauline Pearce）是一位45岁的女性，居住在伦敦，经营着一档社区广播节目。2011年8月的一天，她离开工作室回家，发现自己正在经历一场骚乱。在接下来的几天里，骚乱导致5人死亡，3000多人被捕。当暴乱者放火烧车、洗劫商店时，她觉得自己必须坚持自己的价值观。她站在一家商店门口对暴徒进行了激烈的抨击。有人把它拍了下来，上传到了社交媒体上，她很快就获得了很高的关注度。她被称为"哈克尼的女英雄"。更重要的是，她的行为是社区积极行动起义的催化剂。

如果领导者不具备领导力，那么追随者为什么要跟随他呢？2005—2008年，盖洛普（Gallup）进行了一项调查，调查中询问了超过11 000人哪些领导人对他们的正面影响最大，以及原因。调查显示，有影响力的领导者最常见的特征是信任、同情、稳定和希望。

伦敦商学院（London Business School）的教授罗布·戈菲（Rob Goffee）和加雷思·琼斯（Gareth Jones）也在他们的著作《为什么任何人都应该被你领导》（*Why Should Anyone Be Led By You*）中提出了这个问题。他们的研究得出了类似的结论，即成功的领导者都非常了解自己，他们的愿景、价值观和行为都与他们自身完美地结合在一起。正如他们的口号所说：做你自己，尽可能多地运用技巧。

因此，本书的一个重要问题是：领导者如何谈判呢？我们会详细回答这个问题。接下来，我将向你们介绍一种困境。

谈判者的难题——友善还是强硬

当我讲授谈判技巧课程时，我发现，谈判代表经常会陷入两难境地：他们应该友善还是强硬呢？他们中的一部分人想要善待他人，因为这是他们的天性，他们的母亲告诉他们要与人为善。但他们又担心，如果自己表现得太友善，别人就会占便宜，所以他们决定强硬起来。毕竟，他们的父亲告诉他们要自立自强。但是，他们担心态度强硬会让别人认为他们是坏人。他们开始感到困惑。

这就是难题（见图 1-1）。幸运的是，我们能找到答案。

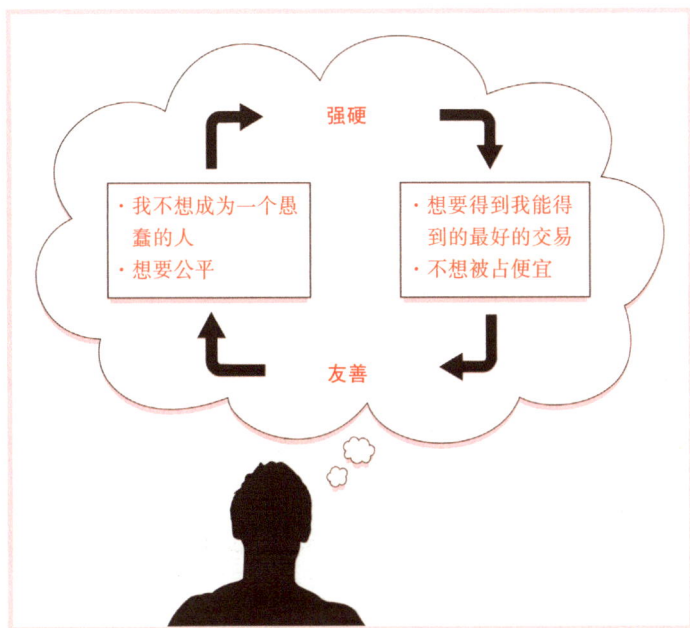

图 1-1　友善还是强硬

共赢，而不是输赢

我经常以从罗杰·费舍尔（Roger Fisher）那里学到的一个游戏来开始我的研讨会，他是世界上最伟大的谈判专家之一，曾是哈佛大学法学院的荣誉退休教授，也是哈佛谈判项目的创始人和主任。

这个游戏被称为"掰手腕"，学生们两人一组坐在桌子两侧，手肘放在桌子上，双方的右手或左手交握。比赛规则是，当其中一方的手背接触桌面时，双方各得一分。双方的目标是在 30 秒内拿到尽可能多的分数，而不用担心对方得了多少分。

当我说"开始"时，大多数学生直接进入决战状态，最终的结果是几分的得分、两只疲惫的手臂和偶尔扭伤的手肘。他们踢腿、跺脚、大喊，这些都被观察到了。

不过，世界还是有希望的，因为在通常情况下，至少有一组学生会赢。他们用 30 秒的时间合作，交替着获胜，最后双方的得分都远远高于其他组，他们的胳膊不累，也没有受伤。

这就是共赢的红利，也是谈判的完美比喻。

从广义上讲，谈判有两种主要方式：胜负法和共赢法。胜负法是指你试图从讨价还价中得到尽可能多的东西，甚至（有时特别是）以牺牲对方的利益为代价。共赢法则不认为你的收益必须以对方的损失为代价。事实上，共赢法认为，所有参与方从合作中获得的收益要比任何一方单独行动获得的收益多——这就是共享资源和合作带来的好处。

如果你以追求胜负的方式进入交易，那么这通常会招致对方也选择追求胜负的方式进行谈判。即使是很理性的人，也往往会因为面对强硬的手段而变得更加强硬。这样一来，对方固执己见，并变得更加顽固或更具侵略性。就像掰手腕游戏一样，所有能量都彼此消耗、相互抵消。

然而，如果你以共赢的方式开始，那么对方通常也会以同样的方式回应。这就是掰手腕游戏，大家都能获得更多的分数，做共赢的赢家。

请注意，即使出于自私的原因，这也是事实。即使我是最不慷慨的人，只考虑自己的利益，我也应该以互利的结果为目标，因为如果另一方对协议不满意，他就不会执行它，甚至会破坏它，即便对方不折不扣地执行了，他也没有贯彻它的精神。相反，如果结果对双方都有利，那么双方就会全力以赴，使之成为现实。

正因为领导者明白这一点，所以他们通常会采取共赢的谈判方式。

如何树敌 2000 万

很多年前，我曾与一位客户合作，他曾经非常成功，但之后陷入了恶性循环。他当时有 2000 万个客户，但这些客户正在迅速流失。

很明显，他之所以会失去客户群，是因为他实际上是在和客户玩输赢游戏。

我在此处不进行详细说明，否则会泄露公司的名称，该公司的客户策略是反复的，并且明显牺牲了客户的利益。这就是输赢，它意味着有 2000 万人在与他对抗！

如果他有一个共赢的方法，那么他将有 2000 万人为他而战。

一些真正成功的产品（如谷歌、Facebook 和 iPhone）背后一定有数以百万计的忠实客户，他们会对自己遇到的每一个人夸赞那些产品，从而成为该产品的"推销员"。

当然，我的这位客户无法战胜他的 2000 万客户，所以他进入了恶性循环。目前，他拥有的客户数量只有高峰时期的十分之一。

我想至少现在他的对手少了一些人吧！

有一种观点认为，既然共赢已经成为商业谈判中的主导观点，那么就会有人利用这一点。这里有一个公平的观点：如果你在交易中表现得太好，那么其他人就很可能会利用你。

因此，我并不是要求你成为一家慈善机构，但你至少应该对此保持警惕。

让我们明确一点：我不是在鼓吹输赢战略。领导力专家和管理学教授史蒂芬·柯维（Steven Covey）在他畅销数百万册的《高效能人士的 7 个习惯》（*The 7 Habits of Highly Effective People*）一书中专门用一章来阐述"共赢或无交易"的概念。

没有人会为了让对方喜欢他而向对方说"友善些"和"滚开"。事实上，别人是否喜欢你并不重要，重要的是你达成了最好的交易。而获得最佳交易的最佳方式就是共赢。

有技巧的谈判者是强硬的谈判者。这类谈判者不会被欺负，遇到问题也不会让步。但他们不是进攻型的，也不是欺骗型的谈判者，他们也不玩输赢游戏，因为他们发现，这样做的最终结果远远不如采取共赢的方法好。区分强势和大男子主义很重要——强势是聪明，大男子主义不是。

邪恶的海豚

人们普遍认为，输赢策略比共赢策略效果更好。也许那些相信这一点的人是"邪恶的海豚偏见"的牺牲品。

如果你看过电影《海豚飞宝》（Flipper），那么你一定会觉得海豚很好，因为它们会笑，还会把溺水的游泳者救上岸。连电影明星迪克·范·戴克（Dick Van Dyke）最近也被海豚救了。

然而，这些都是我们知道的故事。我们没听说过邪恶的海豚迫使游泳者离开海岸的故事，因为我们根本不会听到它们，受害者也不会告诉我们。

这有时被称为"邪恶的海豚偏见"，更常见的是"幸存者偏差"——我们完全根据赢家或幸存者的证据做出判断，却忽略了那些不那么成功的人。

同样，在远古时期，野蛮的谈判者在达成协议时也会认为自己很好，因为他们偶尔会恐吓一个软弱的人做出重大让步。但是，如果要对自己的能力有准确的认识，他们就需要考虑到自己因为太过固执或者不太愉快的经历而没有得到的交易。

强势共赢的方法

另一种普遍的看法是，共赢策略在理论上是好的，但在实践中，对方可能会采取输赢策略，而共赢策略恰恰会进入对方的圈套。基于这种担忧，我将在本书中提出，领导者应该遵循"强势共赢"的策略。这与传统的共赢策略有何区别呢？有两点不同。

首先，你需要认识到，如果对方也采取共赢策略，那么共赢才最有可能奏效。因此，你要把对方渴望共赢的本性激发出来。

很多人是天生的赢家，少数人则不是。大多数人在两者之间摇摆不定。我们将会看到许多方法，这些方法可以温和地推动，或者如果有必要的话，强制地把你的对手推向共赢思维。

其次，强势共赢策略强调了信誉和实力在交易中的重要性。在强势共赢策略下，参与者不会被欺负，也不会被操纵。这是一种强硬的做法，以确保双方都能获得共赢的红利。

有趣的是，这里涉及一个正向循环问题。恶霸只会欺负那些他们知道可以欺负的人，否则他们就不会去尝试。因此，你的力量本身就是一种实现共赢的方式。如果你觉得自己不会被人利用，你就会变得更加慷慨；如果你能保护好自己，你就会更加自信地前行。

这就是解决谈判者难题的答案：通过使用强势共赢策略达成最好的交易。本书的其余部分将告诉你如何做到这一点。

第 2 章

强势共赢的 4 个原则

原则 1：不是为了赢得战斗，而是为了赢得战争

虽然这条原则不言而喻，但它很容易被忘记。领导者专注于愿景，不会让那些不太相关的细节分散他们的注意力。不要太执着于省这里的一分钱，而错过那里的一美元。只有关注大局，你才能赢得更大的胜利。

如果放弃这一平方米的边境领土（或将其作为礼物赠送）能让我们和平地生活，拥有一个更富裕、更幸福的未来，那么这一平方米的边境领土还那么重要吗？

如果放弃 500 英镑能让我结束一段不幸福的婚姻，继续自己的生活，那么我还会介意离婚协议中的最后 500 英镑吗？

如果我能拿着 20% 的加薪离开目前的岗位，而我的新职位是

董事会成员，那么这些职位真的有区别吗？

我并不是说要忘记细节，它们往往是至关重要的。我是说要把细节放在一个正确的位置上，如果细节和整体之间存在冲突，那么整体应该首先被考虑。

立场谈判

"给你，我的朋友，我给你 200 迪拉姆的优惠价。"

这就是讨价还价。你在摩洛哥的一个市场里，询问你看到的一个有趣的花瓶的价格。你对这个价格感到畏惧。

"为了你，我的朋友，我愿意付 40 迪拉姆。"

他猛地吸了一口气，说："175。"

你笑着说："听着，别把我当成坐长途汽车旅行的人。给我摩洛哥本地的价格，60 迪拉姆。"

"来，坐下，我给你拿些薄荷茶。你是个好人，我喜欢你，我给你摩洛哥本地的价格，140 迪拉姆。"

你可以友好地聊天，喝着新鲜的薄荷茶，背景是集市的气味和声音。你们聊了很久，关于世界，关于足球，最后你起身离开："我最后的价格是 80 迪拉姆。"

"啊，80 迪拉姆的话我就不挣钱了呀，让我们以 120 迪拉姆成交吧！"他上前和你握手。

"90 迪拉姆，就这么定了。"

他看起来很痛苦，"110迪拉姆"。

你拿起你的包，开始走出商店。

他说："100迪拉姆！"

"成交！"

这一幕说明了什么是所谓的"立场谈判"，你被自己的地位所禁锢，并试图尽可能少地让步。在这个例子中，开价分别是200迪拉姆和40迪拉姆，双方在100迪拉姆的时候出现了取舍。

在多维度的交易中，双方可能会同时讨论多个立场。例如，如果你要为公司租赁一支车队，你可能会考虑价格、燃油效率、保险、运行成本、担保、车辆数量、合同期限和许多其他可变因素。谈判很可能涉及每一个人以及整个方案的相互让步。

讨价还价是很多人对谈判的理解。立场谈判可以像前文中的例子一样，它可以是友好的、愉快的过程，最终达成一个双方都满意的协议。如果店主赚了钱，而你得到了一只异国花瓶，价格是你在国内所付价格的一半，那么双方都得到了好处。

然而，更多的时候，专注于固定的立场意味着一方将以牺牲另一方的利益为代价赢得胜利。你省下的每一分钱都将是店主失去的利润。为了避免成为输家，双方都不让步，所以最终没有达成任何交易。

如果你同意中间的价位（100迪拉姆），这是一种妥协。双方对结果都略感失望。你认为你付的钱有点多，而店主认为他应该得到更多。

立场谈判的结果要么是无法达成协议（因为僵局无法被解决），要么是妥协（双方都不是很满意）。

基于利益的谈判

相比于专注于固定立场，另一种方法是考虑双方的利益。也就是说，从更大的角度来看，双方真正想要实现的是什么？

朱莉娅坐在上司的办公室里，她知道会议毫无进展。"对不起，朱莉娅，从现在的情况来看，我不能给你升职，你这是无理取闹。"

"你太不讲理了。去年你答应给我升职，我还收到了邮件，而且我已经超额完成了任务。如果我觉得我不能信任你的话……"

"不是我的问题。我很想给你升职，相信我。但这是规定，你不能再升职了。如果我推荐你，别人就会直接说'不'！"

朱莉娅觉得自己被欺骗了。"好吧，那我只能去别处看看了。如果我不能得到自己应得的报酬，我会去找愿意付酬的人。"

双方僵持不下。他们默默地看着对方，都在努力想办法，但似乎就是没有办法。一方想要的，另一方无法给。这样的局面谁来打破？

是朱莉娅打破了沉默。她说："我应该得到加薪，我应该坐上总裁的位子。"

"听着，我很希望你能加入董事会，你的意见将是无价的。这不是问题所在。你可以来参加我们下周一召开的会议，甚至来参加所有的会议，这将是极好的。我也可以给你加薪。我只是不能给你这个头衔。员工升职人数冻结了，即便申请，也不会得到批准。"

"好吧，我不在乎头衔，我只想得到更高层次的认可和参与的机会。"

"所以，如果我决定给你加薪，并让大家知道，从下周一开始，你将出席执行董事会会议，你会高兴吗？如果有机会，我也可以给你找个停车位。"

"太完美了，这就是我想要的。"

两人都坐回椅子上笑了起来。双方都没有让步，对峙就这样解决了，虽然有些尴尬，但他们对结果都很满意。

这是基于利益的讨价还价。最初涉及的立场是朱莉娅想升职，而她的上司无法满足她的要求。这些是相互排斥的要求。在职位层面上出现的僵局似乎没有解决办法。

然而，当他们进入利益层面，探求双方真正想要的东西时，他们就能找到解决方法了。事实证明，朱莉娅对职位并不感兴趣，她感兴趣的是加薪和在执行董事会中的位置。她的上司很想让她留在公司，也很想让她加入董事会。实际上僵局只与职位有关，所以通过转移到利益层面，他们能够找到解决方案。

注意，这不涉及妥协。双方都得到了他们想要的结果，这是一个关键点。与立场相比，利益不太可能相互排斥，这一点至关重要。这意味着双方有更大的机会找到他们都满意的解决方案。

这种方法自然而然地与领导力相适应。如果有助于实现愿景，那么领导者非常乐意灵活地处理细节。

少付出，多回报

在 2010 年的英国大选中，选举结果没有定论，最大的两个政党（保守党和工党）都没有赢得明显多的票数。随后，这两个党派与各少数党派和各党派内部的不同派别之间进行了为期 5 天的疯狂的多边谈判，所有这些都旨在组成一个治理国家的稳定的联盟。全国人民都屏住了呼吸。

自由民主党是最大的少数党，掌握着权力的平衡。它可以与两个主要政党中的任何一个合作，组成一个拥有足够席位的执政联盟。历史上，自由民主党一直是保守党的天敌，它的传统盟友是工党。然而，会谈的结果是两个天敌之间结成了联盟。自由民主党人发现那些在整个政治生涯中都在斗争的人走在了一起。怎么会这样呢？

当然，原因有很多，其中一个因素在事后的采访中变得清晰起来。自由民主党人帕迪·阿什顿（Paddy Ashdown）和西蒙·休斯（Simon Hughes）都喜滋滋地描述了保守党是如何像在购物中心中派发礼物的圣诞老人一样做出让步的。保守党人对免费获得的政策礼物感到惊讶和兴奋。

免费赠送东西？从立场的角度来看，这是一场灾难性的谈判。而最终结果是，尽管没有获得多数席位，但这次谈判使保守党在在野 14 年后获得了权力。从更大的角度来看，保守党取得了巨大的胜利。

如果保守党坚守阵地，寸步不让，那么它可能会赢得一两场战斗，但它可能会输掉整场战争。相反，保守党很高兴输掉了几场毫无意义的战斗，从而赢得了战争。

原则 2：在现实世界中努力，1+1=3

一个想法加一个想法等于三个或更多的想法。你有一头牛，我有一头牛，我们一起做生意。当产出大于投入的总和时，就创造了价值，正是价值创造推动了人类的整体进步。

共赢源于创造更大的价值

2010 年，谷歌公司希望在手机上推出广告服务，但垄断企业信托基金调查了这项交易，并准备阻止它。只有当苹果公司也宣布进入这一领域并与谷歌开始竞争时，谷歌才获准继续运营。

现在，想象一下这样的场景：苹果公司犹豫不决，后来决定不采取行动，因此，谷歌公司也不能采取行动。而如果谷歌公司以某种方式补贴苹果公司，让苹果公司有足够的动力进入市场，并在这样做的同时为自己创造机会，这将符合谷歌的更大利益。

领导者不会因为环境而止步不前，他们会找到推进事情发展的方法。帮助竞争对手似乎有违常理，但这不是一场手臂角力，而是一场手臂游戏。游戏规则是：帮助另一方，你也会从中受益。

共赢来自创造更大的价值，而你要做到这一点，就要看懂每一方的大局。

如何做到共赢

能实现共赢固然很好，但让我们实际一点，如何在交易中真正做到这一点？最简单的方式是问以下几个问题。

- 我希望实现什么目标？
- 对方希望实现什么目标？
- 我如何才能帮助对方取得胜利，同时也帮助自己取得胜利？
- 对方如何才能帮助我实现我的胜利？

现在，双方不再试图以牺牲对方为代价来实现自己的目标，而是共同努力，以实现双方的目标。通过谈判达成的解决方案不一定要以牺牲某一方为代价。因为你在两个目标之间架起了一座桥梁，所以每个人都将朝着同一个方向前进。

做一个更大的蛋糕

一个强有力的方法是找到一种创造额外价值的方法。

想象一下，你们正在协商如何分配一个蛋糕。

如图 2-1 所示，你可以把蛋糕从中间分开，但如果甲方想要更大的一块蛋糕，就必然会牺牲乙方的利益；如果乙方想要更大的一块蛋糕，也是如此。

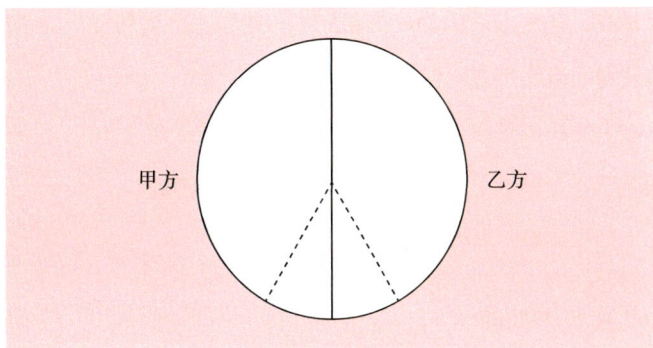

图 2-1　分配蛋糕

这就是立场谈判。

另一种方法是问这样一个问题：双方如何同时获得更大的份额？要做到这一点，唯一的办法就是做大蛋糕（见图 2-2）。

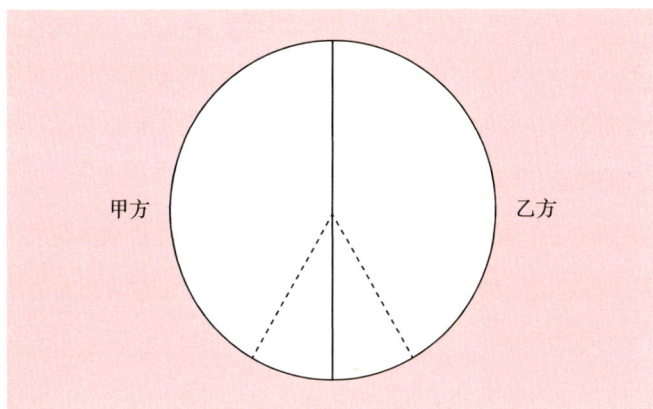

图 2-2　做大蛋糕

现在，即使最后因为一方得到了一半以上的蛋糕而引发争执，双方获得的蛋糕也都比他们最初得到的多。

在上文的例子中，谷歌公司本身没有市场；通过合作，谷歌公司和苹果公司创造了新的价值，并共同获得了市场。

这是作弊吗？当然不是。这是商业智慧。

共赢源于创新

那么，如何才能做出更大的蛋糕呢？第一步是将你的思维转向利益。在更大的层面上，创造更大价值的空间要大得多，然后双方就可以愉快地进行分配了。

但各方都受益的解决方案并不是显而易见的，因此你还需要培养创造性思维。如果你想做出一块更大的蛋糕，那么你可能需要更有创造性。

更具创造性的解决方案确实存在，成功的谈判者能寻找到这种解决方案。一个好的谈判者总是想得比显而易见的事情更远，并遵循这样的原则：每个问题都可能有多个解决方案。

谈判是一个极具创造性的过程。我们继续以烹饪为主题来举例（如果你饿着肚子读这篇文章，我表示道歉）。如果两个人分享食材，那么他们能够一起做出更丰富的菜肴。如果你的冰箱里有两三样东西，我的冰箱里也有两三样东西，那么当我们合作时，就会做出更多的美食。我们可能需要进行一次对话，就我们都喜欢的菜品达成一致意见。但几乎可以肯定的是，它会比我们两人中任何一人凭借自己的力量所能创造出的菜品更好。

这是经济学理论的基础——个人利益加上交易等于所有人的价值最大化。

工作中的共赢

20世纪80年代，英国电影业经历了一段低迷期，在大规模投资新影院，尤其是引进多厅影院后才出现转机。

主要的电影制片厂在这一过程中起到了带头作用，并为投资做出了贡献，因为它们看到了共赢的价值。只有让电影院成为更吸引人的地方，才会有更多的人去看电影。电影公司和电影制片厂都会从中受益。被誉为对战后日本经济做出奇迹般重大贡献的管理顾问兼教授爱德华兹·戴明（Edwards Deming）说："你的供应商是你制造出来的。"我能举出很多日本制造商促使它们的供应商变得更好的例子。

我会补充一句："你的供应商造就了你。"如果你经营的企业是一家汽车制造商，那么你生产的汽车的质量是供应商质量的函数。

上文中关于电影行业的例子说明，你的发行商就是你制造的。

帮助你的业务合作伙伴变得更好，你也会更好。这就是工作中的共赢策略。

原则 3：绝不对服务员无礼

1919 年 6 月 28 日，《凡尔赛条约》（*Treaty of Versailles*）的签署标志着第一次世界大战的结束。法国陆军元帅福煦（Marshal Foch）看到了条约的局限性，并宣布："这不是和平，这是 20 年的停战。"正如福煦所料，20 年后，第二次世界大战于 1939 年 9 月 1 日爆发。

所以在谈判过程中，我们要考虑执行层面的重要性。

输赢都是有成本的，也许最大的成本来自我们最初的定义：除非按照约定执行，否则谈判毫无意义。因此，如果你在谈判中挤压对方，那么其很可能会破坏协议的执行，最终双方都得不到自己想要的东西。

2013 年欧洲食品行业的马肉丑闻就是一个典型的例子。虽然其中有许多原因，但最重要的原因是超市和食品加工公司的采购部门对成本不断施加压力。供应商是如何满足成本并保持偿付能力的呢？答案是：用马肉代替牛肉。

这便是"绝不对服务员无礼"的原则。当你在餐厅用餐时，你有权对服务员表示不满，你也可以拒绝留下小费，你甚至可以对他们破口大骂，然后把经理叫过来，因为他们糟糕的服务而大发雷霆。

他们会微笑着，礼貌地接受这一切，并说："先生，我向您道歉。"然后，服务员在回到厨房后可能会对你的汤做一些不可告人的事情。所以，千万不要对服务员无礼！

这个故事告诉我们，你可能会逼迫你的供应商降价 20%，但要以这个价格交货，供应商就必须降低质量检查的严格程度，或者让初级员工参与项目。你可能会从客户那里得到一个很好的价格，因为这一次客户是有需求的，但下次你可能就很难要价了；你可能会成功地在合同中强行加入一项条款，但它可能根本不会得到执行。

即使你这次侥幸逃过一劫，但从长远来看，你终将会付出代价。这个世界很小，消息传得很快，你会名声大噪，并且错过所有的高价值的交易，因为人们将学会不和你打交道。

现在，重视输赢的经营者常常吹嘘自己有多么伟大、多么强悍。但是餐厅里的那个顾客也是一样的。他会对周围的每个人说："看，我展示了对付服务员的方法，不是吗？"但其他人都会心照不宣地对视一下。

公平方能利己

在心理学和经济学领域，"最后通牒游戏"是一个被广泛研究的游戏。在一场典型的比赛中，两个人共分 10 英镑。A 可以选择如何分配钱，B 可以选择接受或不接受。然而，如果 B 不接受，那么谁也得不到钱。

从理论上讲，B 应该接受任何大于零的交易，因为有总比没有好。然而，在实践中，B 经常否决交易，除非他认为分配是公平的。

显然，1∶1 的比例被认为是公平的，而且总是可以被接受的。但 0.7∶0.3，有时甚至是 0.6∶0.4 的比例通常被认为是不公平的。B 准备伤害自己，以惩罚 A 的不公平。

人类有一种与生俱来的公平感，我们认为这很重要。如果我们觉得这种感觉受到了侵犯，我们就会破坏交易，即使这样做违背了我们自己的利益。

重要的是，谈判结果在各方看来应该是公平的，否则任何行动都将无法得以执行。

原则 4：不乱来

当狮子和羔羊躺在一起时，这只小羊必须想办法与狮子"做生意"，而不是成为狮子的午餐。羔羊需要变得坚强，狮子才不会乱来！

如果小羊变强大了，那么狮子就会对它表现出尊重。这样一来，小羊仍然可以做它该做的事情，因为它知道如果狮子想破坏它的生活，它就会打败狮子！

不要搞砸了！不欺人、不欺己。只有你尊重自己，别人才会尊重你。这是一种强有力的共赢。

共赢绝对是未来的发展方向，但你也要锻炼自己，确保对方不会占你便宜。毕竟谁也不想陷入输赢的格局。

不要让自己被人欺负

别人与你的关系如何，在一定程度上取决于你如何展现自己。当你遇到一些事情时，你会觉得自己被欺负了。如果你表现出自信（而不是被动或好斗），这种情况发生的可能性就小得多。

这是谈判的一个重要方面，尊重每一个人，也包括你自己。事实上，承认别人的地位和你的地位是平等的，这将是非常有力的。

有主见，不被动，没有攻击性

自信的行为与消极的行为或攻击性的行为是不同的。消极的行为意味着你不重视自己，不注意自己的权利或结果；相反，让另一方得到他想要的往往是以牺牲你的利益为代价的。这种非输即赢的方法不是一种好的谈判策略！

同样，攻击性行为也不是理想的行为。在攻击性行为中，你不再重视对方，你确保你得到了自己想要的结果，代价是牺牲了对方的利益。这种输赢法也不是可持续的谈判策略。

自信的行为介于两者之间，它是一种共赢行为。有主见的人会确保自己赢得胜利，但不会以牺牲对方的利益为代价；有主见的人重视双方的权利和目标，并努力实现它们。

如果说消极和激进处于光谱的两端，那么自信则处于光谱的中间。这种比喻给你提供了很好的指导，让你明白，在任何情况下，什么是正确的反应。现在，思考以下几个问题。

- 什么是消极的反应？
- 什么是激进的反应？
- 什么是自信的回应？

想象一下，你的交易对手对你大喊大叫："你怎么能在合同中加入这一条款，这完全不符合程序！我要求你马上把它去掉！"

你很惊讶，你的第一反应是生气并大声回应，但随后你意识到，这种攻击性的行为不一定会让你得到最好的结果。在精神上，你会经历一些其他的选择："我想，我可以让他为所欲为，然后把这一条款去掉。"但你也放弃了这种选择，因为你没有必要这么被动。毕竟，你加入这一条款是有原因的。

你决定走自信的路线："好吧，如果我们能用正常的语气来谈论这件事，我会很感激。加了这一条款让你很生气，我很抱歉。请相信我这样做是有充分的理由的，我很高兴与你展开讨论，我也很愿意谈一谈实现同样目标的其他方式。也许有一种更适合你的方式，同时也能满足我自己的需求。"

由此可见，自信意味着不被动、没有攻击性。

第二篇

做好准备

THE LEADER'S GUIDE TO
NEGOTIATION

第 3 章

你的胜利

那些谈判新手视谈判为一门深不可测的艺术，他们希望施展某种把戏，以便在任何情况下都能神秘地达成最好的交易。这是学习我的课程的学员最常要求的结果。

幸运的是，这样的把戏是存在的，这叫作准备。

许多顶级谈判代表认为，75% 的谈判技巧在于准备。诸如随着最后期限即将到来，其他人对你大喊大叫，还拍桌子，而你的客户要求你寸步不让，如果你想知道在谈判最激烈的时候该怎么做，那么你最好的选择就是做好准备。

如果你不做准备，你要确认对方也不会做准备。而如果他们倾向于做准备，他们就会抓住机遇，将你彻底打败。对共赢策略的防守方而言，关键是要留一手。如果你想让别人尊重你，那么你就要讲信用。

一旦你做了充分的准备，剩下的谈判就比较容易了。

自满的危险

我们都可能被引诱而变得自满。我们曾经做过很多次这样的交易，我们认为自己的天赋、技能或经验可以轻松搞定对方。接着，我们就后悔了。

1977 年，艾德·罗伯茨（Ed Roberts）以 650 万美元的价格将他的计算机硬件公司 MITS 卖给了 Pertec 公司。实际上，MITS 的收入不再来自硬件，而主要来自它授权的软件，这些软件是由几个十几岁的程序员编写的。

程序员们对许可证提出了异议，并试图夺回它的所有权，如果他们成功了，这将大大降低交易的价值。Pertec 并不担心，因为该公司有一个很大的法律部门来应对这种情况，它继续进行收购。然后，该公司派首席法律顾问去处理这些年轻的软件人的简单问题。

其中一位程序员是保罗·艾伦（Paul Allen），另一位是羽翼未丰的微软公司的比尔·盖茨（Bill Gates）。会议室外的人描述了他们听到的尖叫声和呼喊声。一切并没有像 Pertec 预期中那样顺利。争议进入仲裁程序。Pertec 公司输了，650 万美元的财产变得一文不值。盖茨和艾伦后来从他们的软件版权中赚取了数十亿美元。艾德·罗伯茨坚持认为，帮助盖茨和艾伦成为亿万富翁的软件理应属于 MITS，因此也属于 Pertec。

这就是自满的危险。

谈判前应该做好哪些准备以及准备到什么程度

谈判前应该做好哪些准备以及准备到什么程度呢？答案很简单：只要能达成交易就行。发生任何意外都说明你没有做足准备。

体育世界是一个有趣的竞技场，原因有二：首先，这是一个庞大的产业，成败在此一举；其次，它是高度可衡量的，即你赢了或输了。

那么运动员们投入了多少准备工作呢？答案是：视情况而定。奥运会运动员花四年时间为一项赛事做准备；而另一个极端是毫无准备，例如，业余球员们掐灭烟头，放下酒杯，开始比赛。

你渴望成为世界级的职业球员还是业余球员？

下一个问题是，在你的准备工作中，你具体需要准备哪些内容呢？答案是一样的：只要能赢得交易就行。

因此，你要非常清楚自己想从这笔交易中得到什么，但也要花同样多的时间从你的交易对手的角度来看问题。你要从参与谈判的每个人的角度去思考和判断。因此，请花些时间考虑任何可能影响交易或可能受交易影响的人，并从他们的角度来看待这件事。

你想从这笔交易中得到什么

作为准备工作的一部分，你要问的第一个问题是：我希望从这笔交易中获得什么？领导者在他们的愿景层面上回答了这个问题。

如果你已经清楚自己的愿景，那就太好了。否则，你就需要问问自己："我想从这笔交易中获得什么？我为什么要实现这个目标？"然后不厌其烦地重复第二个问题。这是一个更远大的目标，它比任何细节都重要。

我曾在航天工业的一家大公司的采购部门工作。在与供应商进行谈判之前，采购商的出发点是提醒自己，作为一家公司，它是谁，它的愿景和价值观是什么，以及它作为一个组织试图实现什么。

从那时起，采购商就能确保它达成的任何协议都能把它带向更远大的目标。

行动要点

在你开始谈判之前，退一步问自己以下几个问题。

❯ 我更大的长期目标是什么？

❯ 我到底想从这笔交易中获得什么？

❯ 我为什么要实现这一目标？

❯ 这次谈判与大局有何关系？

在谈判的任何阶段，你都要考虑如何实现更大的目标，并将其作为自己的谈判基准。

你理想的结果是什么

获得最便宜的价格与实现更大的目标绝不是相互矛盾的。虽然利益和立场并不是相互排斥的，但你应该从更广阔的视角出发，并放大到细节。在这个过程中可能会出现一系列令你开心的结果。这值得你花时间来考虑什么是你的理想结果。

当涉及你的年度薪酬评估时，你可能会认为 10% 的加薪就不错了。但 20% 的涨幅又如何呢？或者为你配一辆更高级的汽车，抑或是给你一部分股权。这些会更好，不是吗？如果你不争取，那就得不到这些。

许多人没有达成最好的交易，因为他们不想问。你在和另一方交谈之前就讨价还价，这是一个很常见的错误。当你告诉对方你想要什么时，你可能会感到惊喜。事实上，他们会因为你这样做而更加认真地对待你。我们不能指望交易对手像我们希望中的那样自动慷慨，有时候他们需要我们的帮助。

因此，你要有雄心壮志，乐观地实现你的宏伟目标。花点时间想想你理想的谈判结果是什么，然后提出要求。研究一致表明，那些抱着更高期望参与谈判的人会取得更好的结果。

你的延伸目标必须是合理的。考虑一下你的最佳报价价位（Maximum Plausible Position，MPP）。这是在不失信于人的情况下，你能要求的最高报价了。不要害怕提出这样的价位，但前提是，你要有理有据。即使你没有实现目标，你也已经在一个有利的位置上锚定了谈判。

行动要点

在确定了这场谈判如何与你的大局相符后，问自己以下几个问题。

> 谈判的理想结果是什么？

> 我的立场是什么？

> 我提出 MPP 的原因是什么？

注重谈判涉及的细节

你的结果越清晰，你就越有可能实现它。这意味着深入了解细节很重要。谈判很少是单一维度的，它们几乎总是复杂的，确定谈判涉及的不同变量的细节将会给你带来更大的力量。

以电话账单为例，你可以清楚地看到你把钱花在了哪里，以及你应该减少哪些通话，以实现最大的节省。

在房屋购买中，明显的可变因素是价格，但这个过程可能涉及更多的可变因素，例如定金、现金付款或抵押（包括家具和配件）、交付日期、竣工日期、搬迁日期、购买前或购买后的维修或改善，以及许多其他因素。其他谈判可能包括更多的变数。你越有创造力，你能识别的变量就越多。

重要的是，你要知道每个变量的首选结果，以及你能接受的最低限度。

确定优先顺序

接下来就要确定优先顺序了，这是关键。通过确定优先顺序，你才能确保你所得到的东西对你来说是最重要的。

确定优先顺序的方法有很多，这些方法都涉及如何将你的大目标作为你的参考点。其中，最简单的方法是将变量分类为：

- 必选项；
- 加分项；
- 不太在意的选项。

你也可以精打细算地将它们按数字顺序进行排列。如果变量很复杂，那我们就可以制作电子表格，并把每个变量条目加上权重。

当然，比较不同性质的事物并不总是容易的。房子有四间卧室，或者有一个大花园；它离好学校很近，或者为你的通勤带来了便捷。对你来说，哪个更重要？

有一种方法可以使这一问题更容易被解决，那就是在上面写上货币金额。如果有两个条件相同的且相邻的房子，一个有三间卧室，另一个有四间，你会为第四间卧室多付多少钱？对每个变量做类似的练习，你将粗略地估算出它们的价值。通过将它们放在相同的计量单位中，你就可以更容易地确定优先顺序了。

确定变量可以得到最好的结果

确定所有的变量是很重要的，因为它能够使你达成最好的交易。

供应商可能会试图以一个很好的价格让你眼花缭乱，却在其他方面收回利润。了解交易的全部细节可以将你武装起来抵御这种情况。

你的一位重要客户试图压低你的价格，挤压你的利润。解决这个问题的方法是扩大谈判范围。具体做法是：识别不同的变量，让自己有余地去满足对方的抬价需求，同时还能在整体上获得可行的回报。

行动要点

把交易分解成细节，质疑一切。这是一个创造性的过程。

❯ 涉及哪些不同的变量？

> 你对每一项变量的首选结果是什么？

> 将更大的目标作为基准，确定变量之间的优先顺序。

做好调研

为了评估你的最佳结果，以及实现该结果的最佳方案，你需要审时度势。

你需要尽职地做任何必要的调查，以确保你的计算和推理是正确的。在调查过程中，你的猜测或假设越多，你就会越来越见怪不怪了。

值得注意的是，你必须仔细核实你被告知的内容。即使是自己团队内部的消息来源也未必可靠。你的客户可能会告诉你一些实际上并不真实的"事实"。这可能是客户一厢情愿的想法，也可能是相关要点的"精选"，或基于假设和偏见的事件重构，从而歪曲了事件的真相。从尽可能多的来源反复核实每一点。正如格言所说："如果你的母亲说她爱你，那就听听别人的意见。"

那些扑朔迷离的事实是需要被核实的。同时，你要查明可能不正确的假设。

所有这些都应在谈判前被核实，而不是在谈判过程中被核实，或者更糟糕的，在谈判之后才被发现。

> **行动要点**
>
> 尽职调查，然后扪心自问以下问题。
>
> ❯ 我需要做什么调查？
>
> ❯ 我的谈判涉及哪些假设？
>
> ❯ 我如何验证这些假设？

第 4 章

对手的胜利

只知道自己想从某次交易中得到什么，这还远远不够。成功的交易的根本在于，你要花时间从谈判桌的另一端看世界。

我想重复这句话，以强调它的重要性：成功的交易的根本在于，你要花时间从谈判桌的另一端看世界。

换句话说，对方如何看待这场谈判？对方与你的观点将会截然不同，这一点我可以向你保证。

如果你想提高自己的谈判能力，你就需要把自己的注意力转移到对方的观点上。因为你在有生之年都是从自己的角度看这个世界的。你已经说服你自己了！如果只有你，就不会有谈判。为了促使对方达成有利可图的交易，你需要以他们的方式看待事物。

让我们看一个典型的销售情况。销售绝不是唯一的谈判类型，但我们可以用它来说明一个观点。如图 4-1 所示，在销售过程中，有两个世界在发挥作用。第一个世界是销售人员的世界，它涉及销售人员、产品和客户。

图 4-1　销售人员的世界

　　销售人员花费大量的时间向客户介绍出色的产品，描述这些产品伟大的功能和惊人的能力，尤其是当这个产品确实不错时。但销售人员却没有将产品成功售出。这是为什么呢？因为客户的世界是截然不同的。

　　如图 4-2 所示，客户的世界由经常为难他们的上司、经常给他们添堵的团队、经常埋怨他们的同事、不好合作的客户、不靠谱的供应商，以及时不时给他们添乱的孩子和伴侣组成。

　　客户的世界与销售人员的世界截然不同，销售人员根本就不在其中，或者可能只是一个小小的烦人的小插曲。当客户所想的都是别人给他们带来的问题，且这些问题让他们感到焦虑时，他们肯定对销售人员提供的产品不感兴趣。

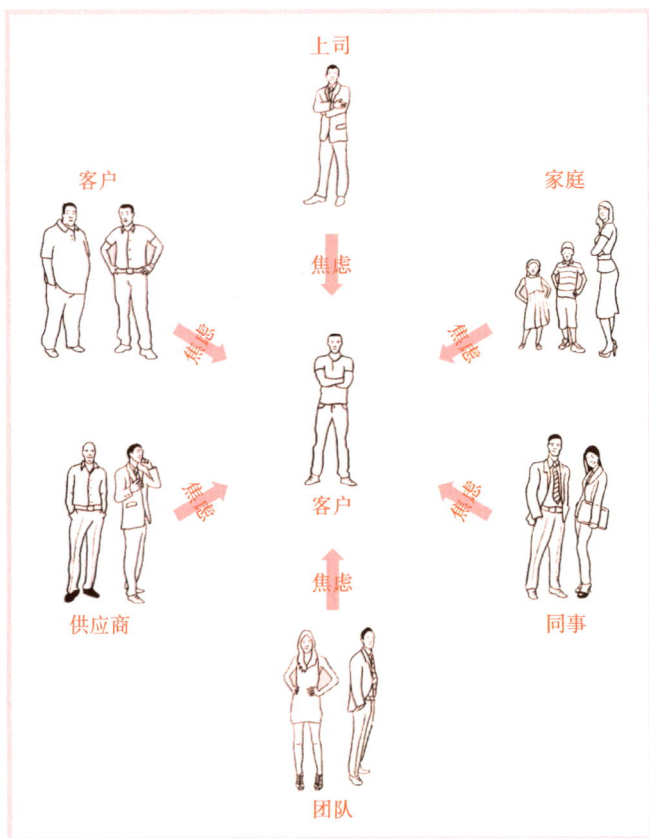

图 4-2　客户的世界

　　客户想买的是一根魔法棒,它能神奇地解决所有问题。如果销售人员卖的是魔法棒,那就太好了。如果不是,销售人员就必须站在客户的立场上,从客户的角度来看问题。只有当销售人员开始了解这些问题,并且知道他们的产品如何帮助客户解决问题时,客户才会考虑购买产品，因为他们真正感兴趣的是如何解决他们的问题。

在谈判中也是如此。如果你想与对方达成共识，那么就要费心地走进对方的世界，从对方的角度看问题。毕竟，如果你要求对方转变思维，那就先把你自己的思维转变到对方的角度，这才是礼貌的行为。一旦你这样做了，你就会更了解你的谈判对手的观点。

深入了解你的对手

如果你是一名销售人员，最好的方法是深入了解你的客户，例如，了解他们的客户、竞争对手，了解他们的行业和遇到的问题；如果你是买家，最好的方法是深入了解你的供应商；如果你是一名律师，你要深入了解你的对手；如果你是一名外交官，你要比对方更了解他的国家；如果你是监管者，你要深入了解你监管的行业以及从业者。

所以你要做调研，了解他们的现状、制约因素、长期规划、公司的指导方针、内部的政治制度、个人情感、优势和劣势、市场趋势，以及他们的竞争者。

他们会怎么看你？他们会如何看待你的优点和缺点？他们会向你抛出什么棘手的问题？如果有的话，一定要准备好你的答案。毫无准备地仓促应答未必能给出最好的答案。

请一位朋友或同事和你一起进行角色扮演，深入了解他们的世界。你"成为"你的交易对手，让你的朋友问你问题。这无疑会给你带来深刻的见解。或者，让你的朋友或同事扮演你的交易对手。同样，你将会对驱动他们的因素有全新的认识，并将看到创造额外价值或实现共赢的新方法。

开发功能强大的马粪检测仪

西班牙语中的贵族（caballero）一词，直接来自西班牙语中的"马"。骑士与他的马同生共死。

他们需要了解自己的马，甚至要了解马粪。他们会捡起马粪闻一闻，从马粪的气味判断马的饮食习惯。它一直在吃草，还是谷类呢？这是非常重要的信息。如果它一直在吃草，那么这匹马很可能是野生的；如果它一直在吃谷类，那它就不是野马，而是战马。如果那是一匹战马，而这匹战马不是你的，那就说明这一带有敌人了。

这和谈判有什么关系呢？它们的共同点是：在最不可能的来源中，你也能找到信息。马粪可能会决定你的生死，而谈判中的某些信息能决定你是否会得到你想要的。

我曾为一家参与大型竞标的公司做过咨询。该公司的一位谈判代表告诉我，作为准备工作的一部分，他已经发现了谁将成为关键的决策者。很好，我对此印象深刻。但事情并没有就此打住。他们查到了这位决策者的地址，找到了她上下班的路线，并发现了在她上下班的道路两侧立着的广告牌。他们找到了租赁这些广告牌的公司，了解到该公司正在组织一场广告宣传活动。我服务的这家公司将会很好地利用这些广告牌。

这令我印象深刻。

由此可见，认真调研，进而深入地了解你的交易对手，这会让一切变得不同。

对方更大的愿景是什么

你问自己的第一个问题是："我的愿景是什么，这次谈判如何与之相适应？"同样，你还需要考虑，对方更大的愿景是什么。从长远来看，他们想要什么？他们的愿景是什么？这次谈判如何帮助他们实现这一目标？

你可能会问："我为什么要关心对方的目标？"因为正是通过这种方式，我们创造了更大的价值，使共赢的过程富有成效。这就是获得最佳交易的方法。这个过程就是将零和博弈变为正和博弈的过程，从而使各方的价值最大化。

因此，你要了解对方的愿景，并考虑这笔交易如何能帮助对方实现这一目标。

找出对方的驱动因素

摩根大通集团（J.P.Morgan）表示，人们有充分的理由进行购买，这背后是有其真正的原因的。你要发现的就是这个真正的原因，因为在谈判中这才是你最大的筹码。

所谓充分的理由，可能是实力雄厚，而且大家都认可这样做是有价值的。然而，真正的原因可能颇具个性。他们不太可能告诉你细节。要想揭开谜团，你就要试着尽可能多地了解他们世界中的一切，例如他们的历史、目标以及他们的个人驱动因素。

如果你能破解这个问题，你就有了真正的筹码。

让我们举个例子来说明。你刚刚与一家大型制造企业的运营团队友好地完成了一笔销售，现在首席采购官取代了运营团队，与你确定最终的条款。当对方走进房间时，温度似乎下降了。他的体格像一头公牛，迈克·泰森（Mike Tyson）和他相比都显得很柔弱。他握你的手，你的手指会裂开。他慢慢开始压价，价格被越压越低。

现在你要做的是，找出他真正的、个人的驱动因素，并与他合作。作为回报，你要想方设法地让交易对你来说也有价值。如果他的目标是降价，那就给他最大的降价幅度（这样他能得到额外的利益），或者让他持股，以此换取更多的成交量，抑或是分摊运费。你甚至可以让他获得任何对你来说有好处的东西。帮助他赢得交易，你也因此赢得了交易。

记住，那种深藏不露的、令人信服的驱动力通常是很肤浅的。例如，我想过轻松的生活，我想要升职，我想在纽约工作，我想给我的上司留下好印象，我想打动我的客户，我想在办公室里好好表现……找出对方的诉求，把它嵌入你的信息中，你们就成交了。

当然，话不用说透。也许问对方的工作目标太直接了，但你至少要在这个假设上下功夫。阐述好的理由并暗示真正的理由，然后让对方去领悟吧！

从对对方有利的角度来陈述你的情况

一旦你了解了你和对方的利益诉求，你就有了与其较量的资本。交易的成功并不取决于你得到的价格，而是取决于这次交易如何帮助你实现更大的目标。提醒你的对手，他的大局观将帮助你实现这一目标。

WIIFM（What's In It For Me，我能从中得到什么好处）是每个人都需要牢记的一个词，如果你希望传达你的信息，你就需要在适合的波段上进行"广播"，否则人们就听不到你的声音。

无论你想达到什么目的，都要按照对方想要的方式来设计，并且要明确表示出来。在理想情况下，对方无论如何都会得出结论，但不要依赖于此。如果他们看起来没有得出明显的结论，那就帮助他们思考，例如，给他们讲解或演算，让他们不能回避自己看到的好处。

如果你能帮助对方得到一个比他最初希望的更好的结果，他将会一生追随你，而这个结果并不需要以你的付出为代价。恰恰相反，助对方一臂之力，让其成功，你也会因此而成就伟业。

激励对方

领导者都知道，最好的激励方式是激发动力。正如安托万·德·圣埃克苏佩里（Antoine de Saint-Exupéry）所言，如果你想建造一艘船，不要召集一些人只是为了收集木材、准备工具和分配任务，相反，激发他们对无尽大海的渴望。总而言之，你要将他们与更大的愿景和激励他们的目标联系起来。

世界上最强大的动力是想法。人们会为了一个想法而放弃自己的生命，更不要说放弃合同中的一项条款。所以，激励他们吧！

行动要点

从谈判桌的另一端看世界。

❯ 使用所有的资源，尽可能多地掌握对方的情况。

❯ 尽可能站在对方的角度考虑问题。

❯ 对方的愿景是什么？这次谈判与愿景有什么关系？

❯ 在这笔交易中，对方真正的驱动力是什么？

❯ 这里的"WIIFM"是什么？

❯ 你如何激励对方？

确定对方的优先事项

你将优先考虑你的结果，并以与对方完全相同的方式来确定结果的优先级，尽管对方可以为达成协议提供机会，但这是不太可能的。

你或许可以在对你来说不重要但对对方来说很重要的事情上做一些让步，这样大家都很高兴。这是为相关方取得共赢、创造额外价值的一种方式。

双方可能有不同的优先事项：不同的更高层次的目标，不同的优势和劣势，不同的时间尺度，对风险的不同偏好，受法规影响的不同的税收政策，因不同的地理位置、流动性、价值观、审计年度而导致的不同的需求，以及无数其他的可能性。

至此，你已经确定了你的优先事项，现在为你的对手做同样的事情吧！让对方了解，对他来说，什么是必须拥有的，以及什么是值得拥有的。然后按照重要性的顺序来看双方的列表，看看它们有何区别。哪些变量对一方重要而对另一方不重要？

现在你可以进行交易并创造价值了。你已经处在共赢的领域了。

了解对方的文化

有一个著名的故事（可能是杜撰的），是关于可口可乐公司在沙特阿拉伯的广告宣传活动的。这则广告由一系列的图画组成，没有说明文字。

第一幅图画是一名男子在沙漠炙热的阳光下渴得奄奄一息。第二幅图画是这名男子偶然发现了一台可口可乐自动售货机。第三幅图画是这名男子手里拿着可口可乐，看起来恢复了活力，神清气爽。

不幸的是，这样的宣传并不成功。事实上，它成了一个笑柄。因为阿拉伯人的习惯是从右向左阅读，所以他们看到的广告是：一个健康、精力充沛的人喝着可口可乐，结果这个人渴死了！

这就是了解对方文化的重要性。

除了强调文化的重要性之外，对这一问题进行详细阐述已经超出了本书的范围，而且我们也不局限于地理界限。证券交易大厅的文化与修道院的文化截然不同。即使是在同一组织内，不同部门或不同办公室的文化也可能截然不同。

了解不同的文化很重要。你需要了解诸如以下这种文化差异：在你的文化中，点头表示"是的"，而在对方的文化中，点头意味着"不可能"。

同时，你要意识到，与你打交道的人是独立的个体，他可能会不按常理出牌。

我们要学会包容文化差异。而解决文化差异问题的最好方法是，把它带到人与人的关系中，你会惊奇地发现，什么困难都是可以解决的。

注意事项

值得注意的是：你为了了解对方的世界和从对方的角度看问题付出了最大努力，而最后从这个过程中得出的任何结论却只是一种猜测。因此，这种猜测有可能是错误的。当你进行谈判时，要对"你的猜测是不正确的"做好准备，此时，你必须改变策略。

从对方的角度去了解这个世界是非常重要的。但是，在谈判时，也要做好"清零"的准备。正如艾森豪威尔（Eisenhower）所言："在准备战斗的过程中，我总是发现计划是无用的，但计划是必不可少的。"

第 **5** 章

多方谈判

谈判从不遵循简单的双方模式

　　谈判有多种模式，可能是律师对律师，每个律师代表一个客户，也可能有经纪人、顾问或调解人参与其中。对外谈判可能会涉及内部谈判。当涉及团队谈判时，团队内部可能会有派系，各派系之间可能会有联盟关系。每个人都有不同的议程，几个对话可能会同时进行。一些有影响力的人会在场，其他人则会在外部施加影响。有些人将积极地直接参与，有些人则会间接地、被动地参与。随着谈判的进行，所有这一切（议程、联盟、人员、约定、环境）都可能发生变化。

　　作为领导者，你将如何在如此复杂的情况下进行规划？更有趣的是，复杂性创造了机会。那么，你将如何积极地利用这种复杂性呢？

在一个团队中，团队内部的不同"玩家"会有不同的议程。有些人会努力达成协议，有些人则不会。团队成员之间需要进行协商，以确保在你与交易对手会面之前完成这些工作，并确保你方的每个人都受到最终协议的激励。

如果你不这样做，就会严重破坏你的策略。联邦调查局高级谈判代表加里·诺斯纳（Gary Noesner）描述了人质危机中的这种危险："就在我们最终与绑架者建立了信任关系，离结束危机更近一步的时候，我们有时会发现一名特工或警察同事向窗户扔石头，命令一辆警车开到草坪上以显示武力，或者断电。这往往会导致暴力反抗和本可避免的伤亡。"

同样，英国物流学会（the UK Institute of Logistics）与科尔尼管理咨询公司（A.T.Kearney）进行了一项研究，考察了企业之间如何合作。研究指出，有效的伙伴关系往往是在业务层面形成的，但当销售部和采购部介入时，这种关系就会遭到破坏。商业团队将破坏已经形成并正在发挥作用的强大的、有效的企业之间的伙伴关系。由此可见，你需要确保你的团队中的所有派系都能同心协力地工作，这一点很重要。

对方团队内部的议程差异可以形成一个多元化结构，从而为你提供更多的交易机会。对方的团队并不是一个不可分割的整体。谈判桌上会有一个团队，他们将向上司、高级管理团队或客户进行汇报，还有其他同事和部门、客户、供应商，以及受影响的其他成员，所有人都有不同的议程、态度和价值观，这些都可能会对交易产生影响。

每一个额外的维度都为交易提供了一个额外的机会，或者成为导致交易破裂的因素。

变化的世界

更复杂的是，谈判很少是静态的。随着谈判的进行，世界会发生变化，这会影响谈判本身。

世界在变化，而且变化得很快。《社会经济学》（*Socialnomics*）的作者埃里克·夸尔曼（Erik Qualman）称，这是以下技术达到5000万受众所需的时间。

- 电台：38 年
- 电视：13 年
- 互联网：4 年
- iPad：3 年
- Facebook：2 年

随着世界的变化，议程在改变，优势和劣势在改变，人员也在改变。这些变化可能会影响你的谈判，即使是在谈判进行的同时。

了解交易的真正动态

如果我们面临的问题是复杂的和变化的，那么我们该如何管理它呢？更进一步，我们如何让它为我们所用呢？

首先要做的是，确定所有的成员，并了解谁能影响交易及谁会受到影响。其次，确定关键的决策者和关键的影响者，并开始对他们之间的关系进行预设。

现在，我们开始做准备，阐明我们想要的结果和我们更大的目标。如果我们想要了解谈判中到底发生了什么，我们就需要对交易中的每个关键参与者都做同样的事情。如果我们需要他们的支持，就需要知道怎样才能获得他们的支持。

圣雄甘地（Mahatma Gandhi）与拉吉（Raj）曾经就印度的治理展开谈判。在每次开会前，圣雄甘地都会摆一张桌子，提前为所有重要的与会者安排好位置。他则会坐在每个座位上，想象自己是那个代表，并会从那个角度环顾会议桌。他会问自己，他（作为该代表）想要什么以及不想发生什么。他会问自己，他（作为该代表）对其他代表的看法是什么。这会让他真正感受到周围环境的力量，以及如何最好地利用这些力量为自己谋利。

直观地绘制出图谱

当然，如果有很多人参与谈判，那么情况可能会变得相当复杂。在你的头脑中记录这些情况是很困难的，因为它们从来不会静止。因此，把这些呈现出来，写在纸上，将会缓解你的头痛问题。

一图胜千言。我们可以通过直观地描绘情况来深入了解交易的动态。这张图揭示了谈判涉及的重要关系和工作中的主战线。

即使看起来很简单的关系也有其复杂性。对方的上司是谁？对方想要什么？对方的妻子或丈夫是谁，这些人想要什么？对方周围的其他关键人物是谁，这些人想要什么？对方想要达到什么目的？对方面临什么问题？

找一张纸，把答案写下来。你可以尽情发挥你的艺术天赋，使用不同的颜色、箭头或不同的符号来代表那些支持交易的人和反对交易的人，或者代表那些能够影响交易的人以及那些被交易影响的人。

我要告诉你一个秘密：我不擅长绘画！但绘画对我来说还是有用的。绘画不是一门精确的科学。现有的各种软件和工具可以帮助你。只要你愿意，你就可以不拘泥于任何形式地呈现出一幅画，你可以将其细致到你想要的细节程度和范围。

你的图谱上要包括任何将受交易影响的人以及任何可能影响交易的人。你不必记录得那么全面，因为即使记全了也不一定都有用。如果有必要，我们可以一直对图谱进行拓展。图谱会不断进行迭代。它很可能是一份"活"文件——随着谈判的进行，你可能需要对它进行修改或添加新的内容。

一个简单的例子

我参与了与一家大型石油公司的谈判，谈判的另一方总是对我说"不"，尽管这笔交易对他们来说有明显的好处。

于是，我拿了一些纸和笔，画出了图谱（见图 5-1a）。

我意识到，"不"不是来自与我交谈的人，而是因为他们只是在执行上级的命令。我不知道对方的"上级"是谁，但我知道其在美国办事处。所以我把他们加到了图谱上（见图 5-1b）。

我能够确定推动对方交易的原因和驱动力（主要是降低成本），因此我知道如何解决他们的担忧。从图谱上看，我能够通过我认识的在英国的同级别的人，找到与交易对手沟通的方法。

结果，我的意图通过渠道传递到了对方负责人那里，不久之后，"不可能"成为"可能"（见图 5-1c）。

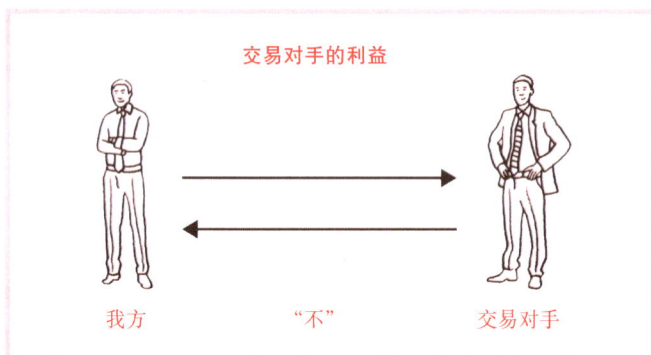

a

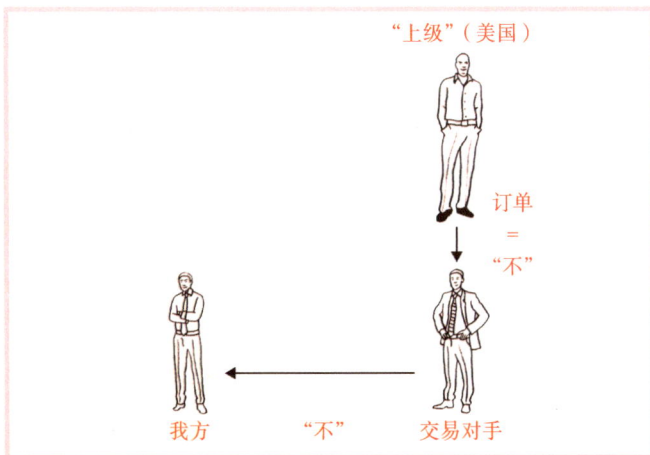

"上级"（美国）

订单
=
"不"

我方　　　"不"　　　交易对手

b

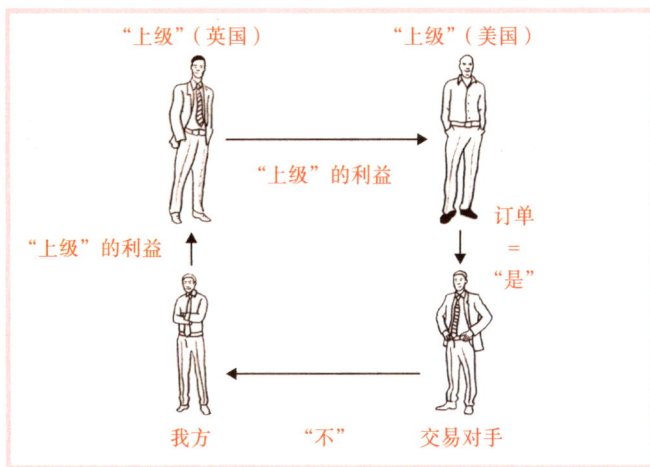

"上级"（英国）　　　　"上级"（美国）

"上级"的利益

"上级"的利益

订单
=
"是"

我方　　　"不"　　　交易对手

c

图 5-1　图谱

让图谱发挥作用

军方有自己的作战室，人质谈判专家有专用的情境板，无论哪种方式，他们都有同样的目的——以高度可视化的方式展示所有信息。

你可以用可视化的方式来了解如何最好地影响你的交易对手。根据你所掌握的信息，通过了解他们生活的世界，你会找到一种对其施加影响的最佳方式。

你可以用它来看看哪些地方可以创造额外的价值，从而让共赢的局面显而易见。

你可以用可视化的方式来建立盟友，通过让更多的人，特别是有影响力的人参与进来，来为你造势。你可以通过可视化的方式识别那些有影响力的人。这些盟友可以支持你、给你提供有用的信息、把你和其他人联系起来。

如果人们没有与你进行有效沟通，也没有回复电话或电子邮件，你就可以用可视化的方式来寻找间接的沟通渠道。

在谈判之前，你可以为你的想法埋下伏笔。如果你的想法是新的，或者与对方目前的想法不同，你就不能指望他们轻易改变主意。如果你在谈判室外做一些准备工作，你就会得到更好的结果。把你的想法透露给那些你知道会向你的目标客户传递信息的人。这样一来，如果你的交易对手在见到你之前就已经从两三个不同的来源听到你的想法，他们就会更容易接受你的想法。

你可以用可视化的方式来确保所有必要的人都参与会谈。许多人使用这样的方式来了解他们的组织在实践中是如何工作的。

交易的艺术

当你需要乐队、制作方、推广者、场地、经销商、赞助商、媒体和观众都参与进来时，你如何组织音乐节？当你需要房地产商、金融家、社区成员、地方政府和国家都联合起来的时候，你如何建造摩天大楼？当你需要整个国家的同意时，你如何实现这种文化变革？

在复杂的情况下，许多人看到困难而放弃。而领导们看到了机会并兴奋起来。

哈佛商学院的戴维·拉克斯（David Lax）教授和詹姆斯·西贝纽斯（James Sebenius）教授设计了一种方法来处理这类复杂的、多方参与的动态谈判。他们称之为"倒退谈判"。我称之为"交易的艺术"。

在他们的优秀著作《3-D 谈判》（*3-D Negotiation*）中，他们的建议是列出所有相关人员（如上所述），并确定你最终需要的关键人员，以实现你的目标。然后从这里开始往回推——为了让这个人参与谈判，你需要做什么？你还需要让谁参与谈判？以这种方法不断地推进工作，直到你有了自己的策略。在这个过程结束时，你将形成一个路线图，即使在情况发生变化时，这个路线图也可以为你导航。

对于在这条路线上的每个人，你需要考虑他们的大局目标和他们的 WIIFM 事项，以获得优势。

博弈

与其"倒退谈判"，不如将谈判进行到底，向前推进。那么，谁来开局？用什么开局？接下来会有什么回应？谁来对回应做出回应？

为每一方都制定一个平行的时间表，你就会了解谈判将如何展开。这就是所谓的博弈，如果局势足够重要，那么你就值得你样做。

行动要点

谈判从来都不是简单的一对一的事情。从更广阔的角度考虑问题总是有价值的。

> ❯ 列出参与谈判的所有人员，包括可能直接或间接受到影响的每个人。

> 谁是关键人物？他们的目标是什么？他们的驱动力是什么？

> 确定有影响力的所有"玩家"和潜在的盟友。

> 从你的最终目标往回看，找出谈判的最佳策略。

第 6 章

为自己做好准备

自我意识——智慧的框架

杯子是半满还是半空，这完全取决于你如何看待它。拿一满杯水，倒出一半，69% 的人会说杯子是半空的。拿一个空杯子，倒进一半的水，88% 的人会说杯子是半满的。

比较一下，"吸烟会使你在未来 20 年的死亡概率从 1% 增加到 1.3%"和"吸烟会使你在未来 20 年的死亡概率增加 30%"。

在这两种情况下，相同的数据，不同的表述，带来了截然不同的影响。

人类的大脑非常强大。它能把一个人送上月球，把烤面包机送进每个厨房。然而，正如我们在这些例子中所看到的，大脑并不像我们所想的那样合乎逻辑和可靠。你的判断是否受到了你没有意识到的事情的影响？

智慧的一种定义是：人类对不完美之处的有效理解。如今，越来越多的跨领域的科学机构开始对这些不完美（即认知偏差）进行分类，并由此提供了一个智慧的框架。

让我们把这一点直接应用于谈判。研究表明，如果讨论是以利润为框架而展开的，那双方就会做出更多的让步；如果以成本为框架，双方则会减少让步。

你在谈判时需要考虑以下因素。

- 双方讨论的是潜在的利润还是降低的成本？
- 双方讨论的是比对方要求的价格低还是比你建议的价格高？
- 双方讨论的是你目前的薪水，还是针对新职位的更高的薪水？

这些问题的答案会影响你得到的结果。

研判

93% 的司机认为自己的开车水平高于平均水平。当然，这一信念不可能是真的。

有趣的是，人们发现，在谈判中也存在着完全相同的模式。研究表明，我们往往认为自己的数字比对方更准确，我们的推理更好，我们的行为更灵活和更具合作性，我们的观点更现实、更公正。然而，这当然也不可能都是真的。谈判双方不可能同时比对方更准确。一方可以，但不可能双方都可以。

我们致力于寻找支持我们观点的证据，却往往忽略了相反的证据。我们与意见相似的朋友或同事核实我们的判断，并达成共识。我们变得越来越坚信我们的想法是正确的、公平的，以及对方的想法是不正确的、不公平的。

那么，我们怎样才能确定我们的思维是合乎逻辑的呢？麦克斯·巴泽曼（Max Bazerman）教授和玛格丽特·尼尔（Margaret Neale）教授认真地研究了这个问题，并在他们的著作《理性谈判》（*Negotiation Reasonally*）中介绍了他们的研究成果，他们的主要建议是进行一次研判。

首先，要诚实、残酷、痛苦地坦白。你不一定要对别人坦诚，但一定要对自己诚实。同时，你还要做到以下几点。

- 从不同的角度或来源反复验证你的数据和说辞。
- 问问对方可能出了什么问题。
- 弄清楚问什么问题、怎样进行实验或找出什么证据可以证明对方是正确的或不正确的。
- 询问可能与你意见相左的人的意见。
- 考虑对方的观点，看看从对方的观点出发，你会得出什么答案。

- 假设这些都是你的最佳猜测（也有可能是错的），并为这种
  情况做计划。

做到以上几点后，为对方做同样的事情。对方也可能受到一些
不太合乎逻辑的想法的影响。如果你能找出它，你就可以用外交辞
令向他们指出来，或者调整你的思维。

即使是天才也会不理智

即使是最优秀的人也会做出不理智的决定。牛顿是最伟大的天才之
一，他发现了运动定律，发明了微积分。他还在财政部门担任过要职，
担任过皇家铸币厂厂长，是一位富有的、成功的投资者。

牛顿购买了南海公司（the South Sea Company）的股份，南海公司
是一家联合股份公司，该公司的股票表现不错。不过，情况很快就失控
了。牛顿看清了投机取巧的行为不可能长久。他说："我能计算出恒星的
运动规律，但无法计算出人类的疯狂程度。"于是他明智地将投资变现，
获得了可观的利润。

然而，该股票却持续上涨。牛顿不禁感到自己错过了机会。他无法
抗拒，又买回了公司的股份。不幸的是，他的第一个预测被证明是正确
的，市场见顶，南海泡沫破裂，他损失了一大笔钱。

由此可见，即使是天才也会不理智。

摆正心态

在准备过程中，你还要考虑一件事，它几乎和以上所有的要点一样重要。那就是摆正心态。

你有没有注意到，当你的心态很好时，你可以做任何事情。你向董事会做了一场出色的报告，你达成了一笔惊人的交易，你打进了一个漂亮的球。顶尖的体育运动员会利用这一点——这是他们备战的关键部分，因为他们知道这对他们的表现有多大的影响。

虽然你能做的事情有很多，但并不是所有的方法都适用于每个人。你需要确定哪种方法最适合你。不管是哪种技巧，你都要花时间去使用它。

哪种心态才是正确的

那么，哪种心态才是正确的呢？

自信可能是最普遍、最被需要的状态之一。把你的情绪想象成调色板上的各种颜色，对于每一次特殊的会面，你可能需要不同的颜色。事实上，对于每一次会议，你可能需要不同的颜色组合，以获得完全正确的颜色。

有一种理论认为，最有魅力的人最有可能达成交易。在许多情况下，这可能是真的。我认识一位非常成功的房地产经纪人，她的职业生涯始于一场大规模的房地产崩盘。当房地产经纪人一个接一个地失败时，她却变得越来越强大。她靠魅力工作。买家和卖家都喜欢与她打交道。他们离开的时候都觉得自己赢了，不管怎么样，他们都会把她介绍给其他人。

自信、迷人、积极、鼓舞人心、坚韧、友好、专注、充满活力、冷静、周到、警觉……情绪有很多种，在任何时候，你都要选择适合自己的情绪。

心理练习

在体育和表演艺术中，你需要全力以赴。为了达到最佳的表演效果，心理练习是准备工作中必不可少的一部分。例如，运动员看到自己越过终点线，舞者首先在心里演练舞蹈动作。每次他们这样做的时候，都会强化动作中涉及的神经系统，甚至达到了形成肌肉记忆的程度。对于从长期昏迷中苏醒过来的患者，他们的肌肉可能太无力，从而导致他们无法做任何运动，因此他们的康复从想象开始。值得注意的是，这实际上增强了肌肉的力量，进而使患者能够进行身体练习。

有一种观点认为，在头脑中练习比在现实生活中练习更有效。在一项研究中，研究人员将一队篮球运动员分为三组。一组练习半小时跑上篮得分，第二组完全不练习，第三组花半小时进行心理练习。最终，第三组进步最大。因为在他们的心理排练中，他们从来没有失手过，即他们从来没有强化过失手的神经系统。

你需要成为谁

紧张的谈判者担心地问:"但是我该说什么呢?"一个更好的问题是:"我该如何是好?"

这听起来很奇怪,但请记住,这是《美国陆军领导人手册》中提及的基本原则。这对你来说足够有说服力了吧!他们的基本领导模式是:做、知、行。行为是由性格决定的。一旦你确定了自己想要成为的样子,行为就会随之发生,结果也会随之而来。

那么,你如何改变自己现在的状态呢?你可以尝试回答这个问题:"我想成为什么样的人?"然后实现转变。当你走进谈判室的时候,答案就会向你走来——势不可当、充满灵感、充满魅力,并能让一切变得不同。

你还可以问:"我想成为谁?"也许你想成为理查德·布兰森(Richard Branson)、比尔·盖茨、超人、黑暗骑士或其他角色。在开始谈判后,成为那个人!

第 7 章

制订备选计划

做好离开的准备

谁最不在乎，谁就赢了。在谈判中，这么说是有道理的。权力在一定程度上取决于你是否愿意离开。如果你决定放弃交易，而对方仍然坚持不放手，谈判的优势就会向你倾斜。

所以你必须准备好放弃任何交易，这将极大地增加你在交易中的力量。这一概念在谈判中非常重要，因此我们将用整整一章来阐述这一概念。

我们都去过商场，为漂亮的花瓶讨价还价。经过讨价还价，价格只会略有下降。但是当你打算走出商店时，售货员很可能会叫住你，并给你一个最优惠的价格。

从"不"开始

一句有用的格言是：从"不"开始。每次谈判时，你都要告诉自己，如果不能达成协议，也完全没有关系。

不要被大宗交易的美元信号所诱惑。你越着迷，那些信号对你的影响就越大。毫无疑问，对方会试图在你身上创造这种需求，他们会谈论各种各样的承诺、大型交易、长期合同。你刚开始考虑要买的新房子，结果你就被套牢了。对方会对交易做出改变（当然，这超出了他们的控制范围），而你会做出一次又一次的让步，因为你太渴望了。

过度依赖任何一笔交易都可能带来灾难性的后果。

一家名为 Lovable 的公司从 1926 年开始生产内衣，该公司雇用了近 3000 名员工。据该公司总裁弗兰克·加森（Frank Garson）称："沃尔玛给了我们一份合同，并以其智慧对合同条款进行了很大的修改，最后其违约了。"归根结底，沃尔玛这样做是因为其有能力这样做。我们过于依赖沃尔玛，这就是为什么沃尔玛能够一直压榨我们的利润空间，然后还能够得寸进尺。

加森补充说："当你失去一个大客户时，它是不可替代的。"不久，在运营了 72 年后，Lovable 公司倒闭了。

你如何防止这种情况发生在自己身上呢？

答案是：做好离开的准备。你的生存和你的幸福并不取决于任何特定的交易。你可以放弃任何交易，但仍然可以快乐地生活。

这就是你的力量。如果这需要你在银行里积累现金，那就这么做吧！但是，无论付出什么代价，都要做好随时离开的准备。

现在，从这一点出发开始你的谈判。从这里开始，你会得到更好的结果。

J.P. 摩根（J. P. Morgan）曾委托一位著名珠宝商制作一枚珍珠胸针。珠宝商完成了制作，并附上了一张 5000 美元的支票。摩根寄给他一个盒子和一张 4000 美元的支票，还有一张纸条，上面写着："我喜欢这枚胸针，但不喜欢它的价格。如果你愿意接受这张支票，请把没有拆封的盒子送回来。"珠宝商非常生气，撕碎了支票，让信差离开了。当他打开盒子准备取回他的胸针时，发现里面有一张 5000 美元的支票。

勇敢邀请对方说"不"

主动邀请对方说"不"意味着告诉对方："你可以不接受，但这是我需要从这笔交易中得到的东西。如果你觉得不合适，那也没关系……"

这与最后通牒不同，但作用类似。最后通牒之所以奏效，往往是因为人们不想冒险失去一些东西。然而，不利的一面是，这样做可能会惹恼对方，对方可能不认为你是在真诚地谈判。

提出你的交易条件，并邀请对方说"不"，仍然会有潜在的效果，即诱导对方向你提出的条件靠拢。对方实际上会被你的诚实所打动。他们离开的时候觉得自己很清楚自己的立场。

一方面，对方可能会说："谢谢，但不用了。"另一方面，他们很可能会说："是的，我们可以和你做生意。"

清楚什么时候放弃交易

你怎么知道什么时候该离开呢？对此有一个简单的答案：将这笔交易与你的备选计划进行比较。

费舍尔（Fisher）和尤里（Ury），在《谈判力》（*Getting to Yes*）一书中称，你的备选计划是最佳替代方案（Best Alternative To a Negotiated Agreement，BATNA）。它是谈判协议的最佳选择，是谈判中的一个重要概念，也是谈判中很多权力的基础。

如果交易失败，最佳替代方案实际上就是你要做的事情。在这种情况下，你的下一个最佳选择是什么呢？换句话说，你的备选计划是什么呢？

例如，你在市场上看到一个讨人喜欢的花瓶，卖家要价 20 英镑。你认为什么价格合适呢？反过来说，你应该在什么时候离开呢？让我们想象一下，你在另一家商店看到了一个相同的花瓶，标价 15 英镑。这就是你的最佳替代方案，你的备选计划是，如果交易失败，你会去那家商店。你现在非常明确的是，如果店主接受

14.99 英镑或更少，你们将达成一个很好的交易；如果店主要价15.01 英镑或更多，你就离开。重要的是，这为你提供了一个可靠的、现实的替代方案，而不是凭直觉判断什么是合理的。

明确替代方案是非常宝贵的，因为你知道自己的其他选择是什么。更多的选择能让你更好地了解交易的公平性，并给你提供更大的权力。为了准确地计算出你的备选计划，你要考虑该计划涉及的任何成本。例如，更换供应商可能会产生启动成本。

而在现实世界中，替代方案并不总是像上面的例子那样清晰。你可能要更老练一些，也要考虑一下你的最坏替代方案（Worst Alternative To a Negotiated Agreement，WATNA）。WATNA 代表着谈判协议的最差选择。

假设双方发生了纠纷，如果双方无法达成协议，那么另一种选择就是上法庭。假设你赢了，对方将不得不支付你 5000 英镑，这是你的最佳替代方案。然而，如果你输了呢？你可能要支付 2000英镑的费用，这就是你的最坏替代方案。

更复杂的是，你可以针对每个场景设置权重，这将为你提供更好的指导建议，让你走出困境。由于替代方案并不总是现成的，你可能希望在头脑中有一个触发点，在这个触发点上，你决定叫停这笔交易，并花时间思考。

确保你的选择是经过深思熟虑的。你是否天生就有好胜心，喜欢打官司？或者你是一个天生的和事佬，很快就屈服，固守现状？

这些可能都是有效的备选计划，但要确保你在做决定时进行了分析，而不是一味地随心所欲。

提升战斗力，培育你的备选方案

了解你的备选计划是一回事，而培育它是另一回事。正如巴泽曼和尼尔在《理性谈判》一书中指出的那样，如果你想在市场上买一套房子，千万不要只爱上一套，要爱上三套！如果你只爱一套房子，那你的谈判空间就会大打折扣。

作为谈判准备工作的一部分，花些时间培育你的替代方案。这样做会大大提高你的谈判地位。例如，你可以同时与几家供应商洽谈，建立客户组合和未来的销售渠道。你需要评估谈判的替代方案，如果方案合理，就向它投资。这笔投资将在交易中获得回报。

了解你的备选方案是实现最佳交易的关键一步。美国海军海豹突击队（The US Navy Seals）知道，情况永远不会完全如你所愿，所以他们会做相应的计划。他们有一句谚语："二即是一，一即是无。"你不能依赖天气，所以要有一个强大的备选计划。

对方会在什么时候放弃交易

当然，反之亦然。如果对方表现出放弃交易的迹象，其就会给你施加压力，迫使你做出让步。如果对方根本不退让，那意味着他们乐于牺牲协议。在这段关系中，他们似乎掌握着权力，而你是不得不做出妥协的一方。

然而，如果你知道对方的替代方案，那么你也许能够识破他们的虚张声势。

人们往往在没有充分考虑影响的情况下就放弃了交易。所以，我再次强调，为他们思考是很有用的。婉转地提醒他们不达成协议的后果，可能会让他们以更包容的方式回到谈判桌上。

请记住，一定要评估替代方案的真实成本。对方可能威胁你，他要换一家更便宜的供应商，但他考虑过转换成本、质量问题、学习曲线、风险、涉及的新人物或新进程吗？替他们想一想，这会增加你的说服力。

此外，了解对方的备选计划也会让你对自己可能从交易中获得的最大收益有一个很好的了解。如果你少赚取一分钱，你可能就能达成交易；多赚取一分钱，你可能就无法达成交易。

对方对风险的偏好也很重要。例如，如果对方选择上法庭，那么不管他是否胜诉，都存在一定的偶然因素。他觉得自己有胜算，还是觉得有风险呢？这也是你应该考虑的问题。

对所有关键人物都这样做

请记住，谈判很少是一对一的情况。我们发现，谈判优势来自识别所有相关的关键参与者，并认识到每个参与者的更大的利益，我们也可以对他们的备选计划采取同样的做法。

对于每一个关键人物，站在他们的立场上，问问自己，如果这笔交易失败了，他们会怎么做，以及这笔交易对他们有什么好处。

这将为你提供关于如何影响他们以支持交易的非常有用的信息。

在你离开之前警告他们

制订备选计划是强势共赢策略中的重要组成部分。它为你助力，以确保你实现最佳交易。同时它减少了对方试图利用你的机会。如果对方玩的是零和博弈游戏，那就离开谈判桌吧！

如果到了你要离开的地步，警告他们这一事实。如果警告是可信的，那么这可能会成为打破僵局的关键点。

首先，作为警告的一部分，回到基本问题上来。提醒对方，为什么大家都在这里，你要达到什么目的，以及他们要达到什么目的。

其次，告诉对方你的备选计划，如果这个备选计划比他们提供的更好，那他们就会认为你离开谈判桌的警告是可信的。

再次，你要提醒他们注意他们的备选计划。如果你提供的比他们的备选计划更好，那就向他们说清楚。

最后，让对方知道谈判破裂的后果。如果对方改变主意，你可能仍然愿意继续讨论。在这种情况下，让他们知道你这样做的条件。

当然，如果这意味着你将与另一方签署协议，这是他们最后的机会，你也要让他们知道这一点。换句话说，让他们非常容易地对交易说"是"，并再给他们一次这样做的机会。

行动要点

准备好放弃这笔交易吧！准备好放弃任何交易。问问你自己以下几个问题。

> 我的备选计划是什么？

> 我的最坏替代方案是什么？如果交易失败，那么最糟糕的情况是什么？

> 如何培育更多的替代方案，并让它们更具吸引力？

> 对方的备选计划和最坏替代方案是什么？

第三篇

谈判心理学

第 **8** 章

融洽

融洽的关系不是谈判的关键，因为你参与谈判不是为了结交朋友。

然而，想一想，如果你们是朋友，交易成功的可能性就大得多。朋友更有可能帮助你成功，而不太可能欺骗你或以你的利益为代价获得他的胜利。

亚利桑那州立大学的荣誉退休教授罗伯特·卡尔迪尼（Robert Cialdini）对影响力进行了广泛的研究，并在《影响力：说服心理学》（*Influence: The Psychology of Persuasion*）一书中记录了他的发现。他发现了影响他人的六条关键原则，其中一条就是：让对方喜欢你。

我并不是说，你要和你的交易对手成为最好的朋友。我说的是，如果对方喜欢你，你就会得到更好的待遇。西亚尔迪尼（Cialdini）引用的一项研究表明，保持微笑的女服务员收到的平均小费，从 9 美元增加到 22 美元。由此可见，如果你的谈判对手喜欢你，你就可能会得到更好的交易。

当双方在讨论的过程中遇到了棘手的问题时，私人关系被证明是非常有用的。当你遇到一个棘手的问题，或者当你发现自己要为因为不可抗力无法履约而道歉时，正是这种关系让你渡过了难关。

微笑着结束冷战

"我叫罗恩（Ron），我能叫你米哈伊尔（Mikhail）吗？"

随着这句话，世界历史的进程改变了。

美国和苏联之间的谈判以极其缓慢的速程持续了几十年，这两大死敌不理解、不喜欢、不信任彼此。

后来有一天，罗纳德·里根（Ronald Reagan）在与米哈伊尔·戈尔巴乔夫（Mikhail Gorbachev）的首次峰会上，看到会议进展不顺，建议重新开始。他伸出手，做了自我介绍，并问对方是否可以用直呼其名的方式交谈。这一刻，冷战结束了。

个人层面的联系

不拘小节是建立融洽关系的关键因素。它将情况从交易转变为对话，尤其是在意想不到的非正式场合，它可以成为一种强有力的"破冰剂"，让人们在感到紧张的情况下放松下来。

不拘小节地做自我介绍，或者以闲聊开始会议，这样会让对方从一开始就放松下来。事实上，双方可以选择在一个非正式的环境中进行讨论，例如在咖啡店或体育赛事的现场，从而让讨论变得自然。面对面的交流远比电子邮件或信件好。双方远距离进行的争论往往在他们亲自见面时能够迅速被解决。此外，幽默感在建立人际关系方面也是非常强大的。

有些人更习惯于正式的程序，因此量体裁衣、因势利导很重要。但一条普遍的经验法则是：非正式场合会形成一种轻松的氛围，大多数人都会喜欢。

任何能将谈话带入更人性化层面的东西，都会有助于建立融洽的关系。谈谈你的家人，问问对方的家人，谈谈你的假期，同情他们在去开会的路上遇到的交通问题。我们都有一个共同点，那就是我们都是有感情的人，人与人之间的交流是非常强大的。

自嘲有助于建立融洽的关系，这说明你并不自负。事实上，有时犯个错误或有点笨拙也是有帮助的。它可以显示你人性的一面，可以让对方感到更舒适。人们常常对自己的行为或表现出的期望感到紧张，任何向他们传达没有这种期望的东西都会帮助他们感到更舒服，进而让他们不那么需要防御。

成为"我们中的一员"

你会喜欢那些喜欢你的人。我们喜欢并更容易回应和我们一样的人,例如穿衣风格和我们一样的人、背景相似的人、和我们有同样的兴趣爱好的人、政治观点相同的人、年龄相同的人、口音相同的人、行为习惯相同的人。

人与人之间总是有一些交集,如果你找到了,你就能与对方建立一种紧密的联系。我来自埃塞克斯(Essex),如果我遇到另一个勇敢地承认自己来自埃塞克斯的人,我会提到这一点,我们将建立联系。如果我遇到一个苏格兰人呢?我要指出的是,罗伯特·布鲁斯(Robert the Bruce)(成功领导苏格兰对英格兰的独立战争的国王)出生在埃塞克斯。瞬间,我们成了兄弟。请记住,你们之间总会有一些交集。在心理学中,有所谓内群体和外群体之分,这是一个非常强大的驱动因素。

众所周知,玛格丽特·撒切尔(Margaret Thatcher)喜欢与"自己人"共事。她认为这比能力或经验更重要。你越能建立一种共同性,就越能成为"我们中的一员",关系和信任就会变得越深。

当然,重要的是不要太努力地成为他们中的一员——当你看到一个推销员做错事情的时候,你会感到很痛苦。

豆荚里的豌豆

在 2010 年大选后英国三大政党之间的谈判中，自然的联盟本应该是自由民主党和工党之间的联盟，但显然，自由民主党领导人尼克·克莱格（Nick Clegg）和工党领导人戈登·布朗（Gordon Brown）之间一点也不亲近。

相比之下，尽管克莱格和保守党领袖大卫·卡梅伦（David Cameron）是天生的政敌，但却瞬间形成了非常紧密的联系。很明显，每个人都把对方视为"我们中的一员"。他们有着非常相似的家庭背景，上过相似的中小学，上过相似的大学。他们在政治内外的生活似乎有更多的共同点。他们甚至看起来都很像。在达成协议后的第一次新闻发布会上，他们看起来就像双胞胎。他们穿的西装一模一样，衬衫和领带也差不多。他们的身高和体重完全一样，甚至发型和脸型也一样。他们的声音听起来一样，他们用同样的姿势站着，使用相同的手势。

他们觉得他们可以互相合作，由于彼此都把对方视为"自己人"，一个不太可能的联盟就这样形成了。

创造一个"我们"的局面

当双方坐在谈判桌前时，谈判常常以一种"他们反对我们"的方式进行。这一出发点将导致谈判只论输赢，并且容易陷入僵局。

你可以通过将重点转移到你们所面临的共同挑战这个层面，并使用"我们"这个词来改变现状。例如，"我们现在共同面对的问题是……"

你甚至可以有更加具体化的举措。例如，双方并排坐在一起，而不是特别传统地在谈判桌前相对而坐。如果会议不是这样开始的，请在电脑屏幕上显示一些内容，并移到他们旁边，向他们展示。或者，你可以在白板上写点东西，然后坐在交易对手旁边，这样你们坐在一起并向同一个方向看着白板。

造成"他们和我们"的局面

创造一个共同的"敌人"是一种更有效的加强关系的方法。这个"敌人"可能是第三方（如"我们不想让律师参与"），也可能是你们共同面临的问题。这个敌人不一定是一个特定的人。

1954 年，穆扎费尔·谢里夫（Muzafer Sherif）进行了一系列实验，这些实验成为研究内群体 / 外群体行为的经典。在俄克拉荷马州的罗伯茨洞州立公园的一个夏令营里，男孩们被安置在两个不同的帐篷里。每个帐篷都有一个名字，他们参加了"他们和我们"的比赛。这迅速导致了两队之间的敌对情绪，以至于人们认为再继续比赛就不安全了。

然后，他介绍了一系列不同的挑战，团队必须合作，以实现共同的目标。这变成了新的"他们和我们"比赛，"我们"现在是两个团队一起工作，"他们"是两个队面临的共同的外部挑战（例如，给营地送食物的卡车坏了，送水的管道坏了）。

结果，人们不得不团结起来，最初的敌人建立起了持久的友谊。

让对手自我感觉良好

以一种真诚的方式表达你对对方的欣赏，有助于双方建立融洽的关系。没有什么比不重视或不尊重别人更能迅速破坏融洽的关系了。

建立融洽关系的一个有效方法是，真正倾听对方的观点，并试图理解他们的观点。你不一定同意对方的观点，但理解对方是很有必要的。如果你确实不同意，你可以说"我了解了你的观点，也明白这对你有多重要，如果我处在你的位置上，我肯定也会有同样的感觉。"如此你就会获得更多的成功。

如果涉及某种情绪，则更是如此。信息的情绪内容往往比事实内容更重要，所以，请酌情承认这一点。

人们喜欢那些让他们感觉良好的人，所以花点时间问问他们的情况，谈谈他们的兴趣、爱好和其他你知道会让他们感觉良好的话题。你可以询问他们的孩子、他们的成就或他们的假期。你还可以寻找一些可以赞美他们的东西，或者询问他们对某一主题的看法。

伯克利大学心理学教授珍妮弗·查特曼（Jennifer Chatman）证明了"赞美"有多么强大。她发现，赞美上司并让他们感觉良好会增加你晋升的机会。她决定对此进行进一步研究，寻找极限点，即超过这个点，巧言令色就会变得谄媚和令人不快。她的结论是，这个极限点可能存在，但她在统计数据中找不到。

建立融洽关系的另一个非常有效的方法是，帮他们一个忙。你要向他们展示，他们获得胜利对你来说很重要。注意那些连他们自己都没有注意到的、他们可以得到的东西，然后帮助他们得到，并公平地提出自己的要求。

首先，如果你总是让人产生积极正向的联想，人们就会喜欢你。你甚至不需要真正去做这些事情，仅仅是联想就会有效果。其次，带来好消息，不管是不是你的功劳，人们都会喜欢你；带来坏消息，你就会不受欢迎。最后，管理好你周围的环境，例如，把会议安排在一个好的或有趣的地点，或者带他们去一家好餐馆吃午饭，他们会不自觉地把这些美好的感觉和你联系在一起。

所有这些都会让他们自我感觉良好，如果你能做到这一点，你就是赢家。他们会信任你，也会回报你的信任。他们会很乐意帮助你获得胜利，并且不太可能利用你。

关系融洽的限度

请记住，你在谈判桌上是为了达成协议，融洽的关系是关键，但你不值得为了关系而牺牲交易。

当伊士曼·柯达（Eastman Kodak）将其数据中心业务外包给IBM时，双方的谈判代表都希望为自己的组织带来最好的交易，同时希望两家公司之间的关系更加紧密。因为他们知道，企业的成功取决于此。

因此，他们列出了两份清单，一份与交易的条款和条件有关，另一份与两家企业的关系有关。与会者一致认为，一份清单上的任何问题都不能通过另一份清单上的让步来解决。

他们的关系几乎成为行业标杆。

行动要点

谈判成功的关键在于谈判者之间建立良好的关系。建立融洽的关系的方法如下。

〉不拘小节、微笑、友好，以便让对方放松。

〉在会议开始前进行闲聊。

〉以人为本。

〉以一种让对方感觉良好的方式与其交往。

〉在你的背景、爱好或兴趣中找到一个与对方有交集的部分，表明你是"他们中的一员"。

第9章

信誉

许多领导者都是很有魅力的人，同时他们也很强势。与在谈判开始时建立融洽关系同样重要的是，建立信誉也很重要。信誉高会让你更有影响力，也会让人相信你能兑现你的承诺，还会让别人不敢欺负你。

你的信誉来自多个方面，例如，你的职位、业绩，以及你的专业知识。

首先，如果对方不了解你的资历，那么你就应该在介绍过程中让别人了解你。请记住，不要太傲慢，但也不必太谦虚。

其次，你可以通过对程序和专业术语的驾轻就熟，来突出你在该领域的经验。表明你是"他们中的一员"，对于建立信誉和融洽关系来说同样重要。

最后，你的投入也会提高你的信誉。每一次你提出有意义的建议，每一次你的建议带来成功的结果，你的信誉就增加了。所以要做好准备，确保你了解你的领域，确保你了解你的情况，确保你知道对方的情况。这就是深入了解对方的真正好处。

彰显权威

关于毫不质疑地服从权威，有这样一个有趣的例子。医生给一名耳部感染的病人开出了滴耳剂，护士需要把滴耳剂滴入患者的右耳。医生在处方上写着：置于耳内。然而，护士却把滴耳剂滴入了病人的肛门。护士和病人都没有对此表示质疑。

我们会相信并听从我们认为是专家或权威的人的指示，即使他们告诉我们的与我们的利益或我们自己的判断相违背。

在一项研究中，一名自称是医生的研究人员指导一名护士（实验中共有 22 名护士）给病人服用某种药物。该药物是一种未经批准的药物，所用剂量处于危险水平。此外，这一指示是在电话中发出的，违反了医院的规定。这个人是护士从未见过的人，他只是自称是医生。然而，95% 的护士都毫不犹豫地照办了。

"看上去很重要"的重要性

人类有一种天然的倾向，就是跟着有权威的人走，哪怕这些权威人士只是徒有其表。

如果有人穿着制服或只是穿着西装，他们对陌生人提出的要求或命令被接受的概率就会大很多。在得克萨斯州进行的一项实验中，一名男子没有遵守行人的信号灯通行指示，横穿马路，该实验是为了看看有多少人会跟着他横穿马路。在进行实验时，他一半时间穿西装、打领带，另一半时间穿休闲服装。当他穿着西装的时候，追随他的人是他穿着休闲服装时的 3.5 倍。

如果你想增加自己的信誉度，那么一种方法是穿着得体，背一个令人印象深刻的包，使用昂贵的笔和记事本或配置高端的电脑，在一家富丽堂皇的餐厅或五星级酒店的大堂与对方见面。无论你的领域中有什么样的权威徽章，戴上它们，以便树立威信。

自信

自信地表达

黛博拉·坦南（Deborah Tannen）表示，CEO 必须在五分钟内就团队花了五个月进行调查的事情做出决定。通常，他们的决定取决于团队多么自信地提出论点。

这几乎是肯定的，同时，这也是相当惊人的。一方面，拿出一堆"垃圾"，自信地把它呈现出来，你就会通过；另一方面，做仔细的研究并考虑大量的风险因素，并提出与之伴随的不确定性，你就出局了。

所以，如果你想成功地表达你的观点，就要自信地行动和说话。发出你的声音，大声地（但不要太大声）和慢慢地（但不要太慢）说话，并且清晰地说出每个字。低沉的声音往往比高嗓门的声音给人的印象更自信。

避免使用"可能""也许""或许""希望""说不定""我认为""试一试"或"如果"等会削弱听众对你的信任的词语；相反，要使用"你会""我要""显然""明显的结论""因此""何时""因为"等暗示自信和符合逻辑的词语。

自信地站立

如果沟通是谈判的核心，那么非语言沟通就是谈判的重要组成部分。如果你问我是否喜欢西红柿，我会兴致勃勃、眼睛一亮地回答："喜欢！"或者情绪不高地回答："是啊。"第一个回答意味着我喜欢西红柿，第二个回答意味着我讨厌西红柿。完全相同的语言内容却有着截然相反的意思。

人类的语言已经进化了几十万年，但非语言交流已经进化了数亿年。因此我们对非语言交流有很深的情感连接。如果我们能熟练地掌握这种沟通方式，它就可以帮助我们更好地交流。在你的肢体语言中投射出自信，你就会表现出更大的力量和信誉度。

对大多数人来说，自信的身体语言是：

- 昂首挺胸地站立；

- 肩膀向后展开，抬起头；

- 强有力的手势；

- 有意识地移动身体；

- 有目的地行走；

- 有力地握手；

- 直视别人的眼睛；

- 舒适地占用空间；

- 手掌朝下的手势；

- 双手交握成塔尖状，十指指尖接触手背。

用一句话概括，即昂首阔步，正视世界。

100 万英镑值多少钱

1994 年，英国舞蹈乐队 KLF 烧掉了 100 万英镑，然后试图将灰烬作为艺术品出售。他们卖了多少钱？

吉米·考蒂（Jimmy Cauty）和比尔·德拉蒙德（Bill Drummond）多年来以不同的身份在音乐行业取得了成功。他们发布的作品在 1991 年成为全球销量最大的单曲。

他们设立了 K 基金会艺术奖（K Foundation Art Award）。这是对特纳奖（Turne Prize）的回应。特纳奖是每年颁发给优秀艺术家的英国艺术奖，奖金为 4 万英镑。与特纳奖同一天宣布的 K 基金会奖的奖金也是 4 万英镑，而这一奖项是颁发给年度最差艺术家的。巧合的是，该奖项和特纳奖授予给了同一位艺术家。

KLF 决定用他们的热门唱片的收益来支持陷入困境的艺人。但他们改变了想法，正如德拉蒙德所说："我们意识到，奋斗的艺术家注定要奋斗，这才是关键所在。"因此，在 1994 年，他们选择烧钱。在苏格兰朱拉岛上的一间船屋里，他们将 50 英镑面值的共 100 万英镑纸币放入火中。

他们保留了灰烬，后来，可能是感到自己的所作所为有些愚蠢，他们带着这些灰烬在伦敦的各个美术馆里转了转，询问是否可以把灰烬当作艺术品来售卖。每个画廊都拒绝了。事实证明，这些灰烬一文不值。

现在，画廊拒绝的理由是：KLF 询问这是否是一件艺术品，他们这样做，完全破坏了其论点的可信度。艺术的存在不需要获得许可。相反，如果他们宣布它是一件艺术品，它的地位就不会有争议，他们就会达成交易。

与 KLF 不寻常的自我怀疑相反，我们会在书的后面遇到另一位艺术家，他对自己的宣言充满了信心，并改变了艺术史的进程。

用文字增加信誉度

尽管写作是一项现代发明，但从进化的角度来看，我们往往会更相信自己写下来的东西。如果我们听到一个故事或所谓的事实，那是一回事；而如果我们读到它，那就是另一回事了，我们会赋予它更多的合理性。你可以利用这一点。

上述观点给我们带来的启发是，打印书面报告和电子表格，以便你在讨论时可以经常参考它们，把它们说成是绝对的真理，对方就很难反驳或否定。

事实上，文件越正式，就越有说服力。

行动要点

你的信誉和融洽的关系同样重要，你可以通过以下方式来尽早实现。

> 展示你的业绩与资历。

> 做好充分的准备，展现自己对所学知识的掌握，并制定可行的解决方案。

> 自信地交谈，并使用自信的身体语言。

> 对恐吓采取强硬态度（而不是消极或攻击性的态度）。

融洽的关系与信誉

成功的谈判者往往同时兼顾融洽的关系和信誉。问题在于如何取得适当的平衡。

在任何时候，你都要考虑你需要重点关注哪一点。如果你已经花了太多的时间来证明你是一个坚强的人，那么现在可能是放松和微笑的时候了；如果你已经花了一段时间闲聊和寒暄，那么现在可能是你卷起袖子开始认真工作的时候了。

就像旋转盘子一样，你总是希望两个盘子都转得很好。但在某一时刻，总是有一个盘子需要得到额外的关注。你应该从哪个开始？当然，这要具体问题具体分析，主要取决于特定会议的要求以及你对对方的了解程度。这也在很大程度上取决于你和你的天性是什么。如果你的天性是喜欢讨好别人，那么也许你应该在一开始就多关注一下自己的信誉度。或者，如果你很严肃，也许你应该在会议开始时问问对方周末过得怎么样。

塑造魅力

迈克尔·格林德（Michael Grinder）研究了富有魅力的人的行为特征，并将其写进了他的优秀著作《口若悬河》（*The Elosive Obvious*）中。他在很大程度上将魅力归因于信誉和融洽关系之间的平衡。

他谈到了两种人：属狗的人和属猫的人。属狗的人会想："这个人每天都给我送吃的，让我睡在他家，他一定是好人。"属猫的人想："这个人每天都给我送吃的，让我睡在他们家，我一定是个神。"

属狗的人是取悦者。他们很依赖别人，喜欢和别人在一起，他们以别人的眼光来看待自己。对于属狗的人来说，重要的是每个人都自我感觉良好。这些人的关系很融洽。

属猫的人是独立的。对属猫的人来说，重要的不是感觉好，而是结果。只要工作做得好，他们不介意伤害别人的感情。这些人的信誉度很高。

如果你天生是属狗的人，那么你可以考虑在交易中更像属猫的人；如果你天生是属猫的人，那么你可以考虑更像属狗的人。

花点时间想想别人是怎么看你的。人们会很自然地找你聊天，还是他们有点怕你？如果有棘手的工作要做，他们会找你吗？还是会交给别人？

知道别人如何看待你，可以让你知道你需要专注于哪些方面，以塑造更多的魅力。当然，你不可能真正以别人的方式看待自己，所以你要寻求外界的反馈。

运用身体语言提升个人魅力

格林德还认为，善于运用身体语言能帮助我们给人留下高信誉度或平易近人的印象。他将诸多因素进行了以下归类（见表9-1）。

表 9-1　不同的身体语言代表不同的意义

	关系融洽的	可信的
声音	声音有节奏，尾音上扬	声音平缓，尾音下滑
语速	倾向于快速而兴奋地说话	说话更慢、停顿更多
手	做手势时手心向上	做坚定的手势且指向下面

	关系融洽的	可信的
手势	动态的	极少
头	频频点头	头不动，开始时向上，结束时向下
面部表情	面带微笑、充满活力	没有面部表情
身体姿势	关节灵活、放松	关节紧锁、僵硬，身体向前倾斜

　　如果你需要建立融洽的关系，那么就试着放松下来，多做上述表格中左边一栏的事情；如果你想提高自己的信誉度，那就强硬起来，多做表格中右边一栏的事情。

行动要点

　　虽然融洽的关系和信誉度并不是相互排斥的，但是你可能想要在不同的时候更多地强调其中一方面。

> 注意你的天性：是更具亲和力，还是更专注于表达？

> 在谈判的任何时候都要注意你是否需要更多地关注融洽的关系或信誉度。

第 10 章

增强你的权力

给狮子它的那份

在《伊索寓言》中，一头狮子带着一只绵羊、一头奶牛和一只羔羊去打猎（我知道，这不是一个很合理的故事情节，但请听我说，狮子的信誉很好）。它们准备共同享用一只大的雄鹿作为午餐。

狮子说："公平点说吧，我们会把这只猎物分成四份。我将得到第一部分，因为我杀死了它。现在，既然我是丛林之王，我也应该得到第二部分。第三部分也是我的，因为我是最强的。如果有人想要最后一部分，那么可以和我决斗。"

这就是权力。权力是强势共赢系统中的一个重要方面。如果你的身后有一支军队，那你就不可能被欺负。这意味着，在谈判中你的"军队"越强大，你的对手共赢的倾向就越大。

然而，这是一个被误解的概念，这到底是怎么回事呢？如何增强你的权力并明智地使用权力呢？

不管对方同意与否，也不管公平与否，为所欲为地使用权力是不可取的。因为这样做违反了"永远不要对服务员粗鲁"这一原则。你可以强迫对方签署协议，但这并不意味着对方会以你希望的方式执行协议。

当然，权力可以作为对他们的回应的"武器"。如果对方试图迫使你让步，你可能不得不使用权力作为回应。或者，更好的是，你的权力可以阻止对方的某些行为，而你无须真正地使用它。当你运用罗斯福的格言"说话温和，手持大棒"时，你可能不得不让那根大棒显露出来，但你可以避免使用它。

蛮力

在原始时代，权力是蛮力；在石器时代，如果你比你的邻居更强大，那你就胜券在握了；在战争年代，如果你有一支更强大的军队，那你就可以掠夺财富了。

在谈判中，权力与实力有关。你的上司让你工作到很晚，你似乎别无选择；你的客户是一个行业巨头，其在市场上有广泛的影响力，以至于你不得不接受他不合理的、苛刻的条件。

他们之所以能得逞，完全是因为蛮力。然而，正如我们将看到的那样，蛮力只是力量方程式中很小的一部分。

如果对方比你更强大

当受到威胁时，我们的自然本能就会启动，我们的"战斗或逃跑"反应就会占据上风。如果你被一只熊追赶，这还算公平，但在谈判中，同样的本能反应被激活就不太合适了。问题是，它关闭了我们的理性大脑，我们再也看不清局势的本质。

在我讲授谈判课程时，我的学生经常会问：当对方比你强大很多的时候，你能做什么？

这个问题有很多前提。

- 对方真的更强大，而不是虚张声势。
- 对方愿意积极地利用这一权力。
- 这必然会对你不利。
- 与对方的替代方案相比，对他们具有吸引力的共赢解决方案并不存在。
- 对方不认为你是有权势的人。
- 权力的基础只有一个，那就是对方更强大的基础。

事实上，以上这些假设很可能每一个都是错误的。只是我们不这么看，因为我们的"战斗或逃跑反应"使我们对现实视而不见。

五种权力基础

那么，如果不是物理力量，还有什么力量的来源呢？

1959 年，弗伦奇（French）和雷文（Raven）发表了一篇堪称社会心理学经典之作的论文。它确定了五种权力基础。

第一种权力来源是合法权力（符合法律和公认的权威）。这是个人因其身份或地位而拥有的权力。

第二种权力来源是威望权力。这种权力的使用与个人魅力和感召力有关。合法权力建立在威望与地位的基础上，而威望与地位则建立在个人素质和人际交往能力的基础上。

第三种权力来源是专家权力，这种权力来自特定领域或过程中的技能和知识。在法律纠纷中，律师的权力在很大程度上来自他们对法律的了解和将法律应用于特定情况的能力。在商业谈判中，一个人之所以拥有权力，是因为他有能力通过提议获得商业上的成功，或者因为他对什么是实际可行的以及什么是不可行的具有实践知识。这两种情况都是专家权力的例子。

第四种权力来源是信息权力，它是弗伦奇和雷文后来添加的专家权力的变体。这种权力来自人们对有用信息的获取，无论这个人是不是专家。知道市场上发生了什么，或者知道首席执行官的想法，抑或是知道行业条例即将改变，这些都是获取了信息的人所拥有的权力的例子。

第五种权力来源是强制力，即惩罚他人或对他人造成负面后果的能力，这种力量是基于恐惧的。它的反面是奖励力，即给予他人好处的能力。

其他权力来源

除了弗伦奇和雷文发现的权力来源，还有其他权力来源。

1. 信念的力量

信念的力量是一种巨大的力量。不管信念是宗教、国家还是价值观，人们都愿意为信念而牺牲自己的生命，这种力量是强大的。你的谈判团队中会有人愿意为你现在的交易牺牲自己的生命吗？我认为不会有！因此，在谈判中，你可以让另一方专注于一个鼓舞人心的信念，以此来增强你的力量。

2. 说服的能力

说服的能力是权力的关键来源。要想增强你的权力，就要先学会倾听。当对方说话时，他们会告诉你如何让你增加说服他们的力量。听他们的言外之意，他们会告诉你他们的驱动力量。把交易写进条款中，并向他们展示做交易的好处和不做交易的代价。如果交易对他们来说真的有价值，那么他们应该接受；如果不是，那么你根本就没有向他们展示足够的价值。

3. 获取资源的能力

获取资源会增加你的实力。如果权力的定义是影响力，那么任何有助于增加这种影响力的资源都会强化你的权力。这些资源可以是金钱、有影响力的人或专家、机器、计算能力、机构等任何东西。如果这个资源是唯一的，或者至少是稀缺的，那么这将增加你的权力。但如果其他人拥有同样的资源，你的权力就会被削弱。

以美国在线（American Online，AOL）为例。在 20 世纪 90 年代，AOL 非常强大，因为它建造了一个"围墙花园"。很多网站只能通过 AOL 的系统被访问。AOL 变得如此强大，以至于它能够买下时代华纳（Time Warner），这是有史以来最伟大的商业交易之一。然而，一旦其他网站也能够提供这样的应用，甚至提供的更多，且用户不必支付会员费时，AOL 就失去了权力的基础。当然，这不仅仅是获得资源的问题，还包括协调资源并使其发挥作用的能力。那么，谷歌的权力从何而来呢？这实际上来自它利用互联网其他方面的能力。没有互联网，谷歌的搜索算法就什么都不是。但如果没有谷歌，互联网就不会成为一种资源。一旦出现更好的算法，谷歌的权力就会被减弱。

在这方面，你在谈判中的权力与你在谈判之外的权力成正比。所以，通过你的人际关系网络、家庭或组织，努力增强你在这个世界上的权力吧！如果你代表一个组织进行谈判，你的权力是组织的权力乘以你在组织内的权力的函数。也就是说，组织可能有很多资源可以用于交易，但你能在多大程度上调动这些资源呢？同样，对于另一方，如果他们在自己的组织内没有权力，那么他们的承诺或威胁就不太可能兑现。因此，为了增强你在谈判中的权力，利用你在本书中学到的技能来增强你在组织中的权力，你将能够承担更多的责任。

4. 品牌和声誉

品牌是一项巨大的无形资产，这也是为什么公司如此重视保护品牌的原因。慈善机构因为这一点而出手阔绰。想想英国民间人权组织大赦国际（Amnesty International），它是世界上最大的品牌之一，但其年收入只有 4400 万英镑（2009 年）。如果许多受利润驱动的公司也拥有同样的全球知名度，那其收入将是这个数字的 1000 倍。

个人也有品牌，那就是个人声誉。你可以通过提高个人声誉来增加你的权力。这是一种权力来源，人们会尊重它。

5. 创造力

正如我们所看到的那样，创造力是谈判的一个重要因素，它可以大大改变力量的平衡点。它可以让你想出共赢的解决方案，让天平向有利于你的方向倾斜。或者，在对方试图强迫你做一些你不想做的事情时，创造力可能会给你提供一种迂回的方法。

权力失衡的经典场景是大型零售商与供应商谈判。没有零售商比沃尔玛更强大，所以许多供应商的故事都是悲惨的，它们感受到了沃尔玛的力量。

贝恩公司（Bain&Co）的合伙人吉布·凯里（Gib Carey）研究了其与这家零售巨头的成功和不成功的合作关系，他表示，解决之道在于创新。你需要给沃尔玛带来新产品，并且是消费者需要的产品。因为有了这些，沃尔玛就没有压低价格的基准。它没有历史数据，你没有竞争对手，它还没有将产品投标给自有品牌制造商。这就是为什么你可以有更高的价格和更高的利润。

同样，几年前，麦当劳要求所有供应商降价10%。麦当劳这样做是因为它可以这样做，这就是它的权力。它的杯子供应商Sweetheart Cup公司发现，其供应商即将提高价格，所以该公司将被挤在中间。因此，它们安排在场的三方开会，以寻找交付的方法。将所有人聚集在一起所带来的富有想象力的程序改进，意味着更低的价格、更高的产量和更高的质量。

因此，如果另一方对关键变量（如价格）施加影响，那你就必须发挥创造力，找到其他方法来解决这个问题。如果你坚持按对方的条件去交涉，简单地讨价还价，那对方可能会赢，因为他比你强大。如果对方更强，你就必须从侧翼包抄他们。总而言之，你要有创造力，增加变量的数量，找到其他方法来增加自身价值。坚持你的公司的需求，把对方的要求变成双方可以共同解决的问题。如果谈判最终是为了解决问题，那么创造力或许是最重要的力量源泉。

6. 愿意走开

权力意味着你可以随时走开。我们在第7章中看到了这一点。一方面，如果对方感觉到你对交易的绝望，那么他们不太可能做出任何让步；另一方面，如果你真的走开，如果他们想要达成这笔交易，那么他们很快就会向你走来。

所以，你一定要确保自己可以随时离开。从这一点出发，开始你的谈判，你会得到一个更好的结果。

7. 选择框架

权力取决于谈判的框架。改变框架，你就会改变利益分配方式。如果你有一张纸，上面有一些涂鸦，它值多少钱？如果你在战区，或者你在挨饿，那么这张纸也许一文不值。但是，如果这是毕加索的作品，而你在纽约的拍卖行里，那么你可能会得到数百万美元。莫迪利亚尼（Modigliani）是一位波西米亚艺术家，1920年，35岁的他在贫困中死于结核性脑膜炎。为了生存，也为了支付治疗毒瘾的费用，他经常会用艺术品交换餐馆里的一顿饭。2010年，他的一幅作品以3600万英镑的价格售出。

同一样东西，有人可能会说它很普通，但你可能会认为这是天才的杰作。不管它是什么，都会对价格产生巨大的影响。你可以选择让它成为什么。这笔交易是关于利润还是关于市场份额的？是短期收益还是长期收益？是关于风险吗？是关于宣传吗？是为了自尊吗？改变游戏的框架，你就会改变了权力的平衡点。

SWOT 分析

SWOT 分析模型是评估全局的经典工具。拿出一张纸，从谈判的角度写下：

- 你的优势（Strengths，S）；
- 你的劣势（Weaknesses，W）；
- 潜在的机会（Opportunities，O）；
- 潜在的威胁（Threats，T）。

SWOT 分析模型为你提供了一个制定谈判策略的框架。但不要就此打住。你还可以看看有没有办法把劣势变成优势，或者把威胁变成机会。请记住，你还可以运用 SWOT 分析模型来了解你的对手，了解他们的优势和劣势会帮助你更成功地利用自己的优势和劣势。

选择你的权力来源并适当地使用它

正如上文讲到的，权力来源有很多，你可以选择最适合你的一个。在通常情况下，领导者能够识别许多可利用的资源，并善于为任何特定的情境选择最合适的资源。

1865 年，普鲁士政治家俾斯麦（Bismarck）向他的政治对手鲁道夫·维尔乔夫（Rudolf Virchow）发起决斗，按照决斗礼仪，维尔乔夫是允许选择武器的。维尔乔夫没有机会使用任何传统武器，所以他选择了香肠。唯一的区别是一根香肠是新鲜的，而另一根香肠能让人感染霍乱。俾斯麦可以选择自己吃哪根。然而，决斗被取消了。

选择游戏规则本身就是决斗中的一种规则——被挑战的人可以选择一种战斗方法或武器。你要做的就是选择最适合自己的规则，纠正任何权力的不平衡。

选择你的武器

2010 年，绿色和平组织（Greenpeace）的联合行动成功地说服雀巢（Nestlé）公司停止从造成雨林破坏的供应商那里采购。为了做到这一点，绿色和平组织联合了雀巢、嘉吉（Cargill，农业巨头）和整个棕榈油行业。

让我们以年收入为衡量标准，来看看这一问题中的权力平衡（见图 10-1）。

这么看绿色和平组织似乎没有太多的获胜机会。

然而，绿色和平组织拥有不同的武器。它有一个品牌，而且它不畏惧使用这个品牌。它有与大公司对抗并获胜的记录，所以雀巢公司和嘉吉公司知道自己将面临一场战斗。它们真的有胆量战斗吗？毕竟，雀巢公司也有自己的品牌，它热衷于保护自己的品牌。

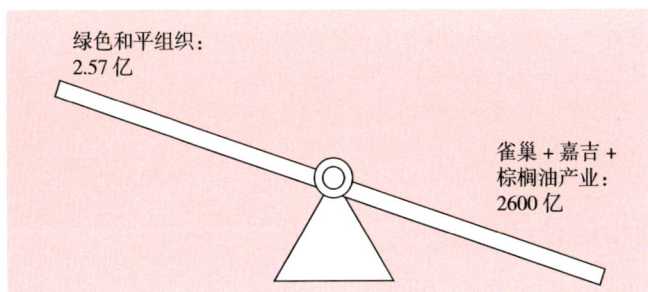

图 10-1　权力平衡

　　绿色和平组织还有另一个力量来源——全世界的支持者队伍。全世界的支持者都受到一个理念的驱动——拯救地球比少数人的利益更重要。他们是相当积极的一群人。

　　当然，这些支持者必须协调好，他们并不都在绿色和平组织总部工作。然而，如果说绿色和平组织有一种能力使他们成为一股不可忽视的力量，那就是他们在组织、协调活动方面的巨大能力。利用病毒式宣传（150 万人点击观看绿色和平组织的视频）和社交网络来组织抗议活动，它决定将精力集中在关键的少数人（雀巢的股东）身上。这一切都发生在 2010 年 4 月 15 日在洛桑（Lausanne）举行的年度大会上。示威者打扮成猩猩在外面示威。在店里，他们从上面扔下横幅，要求雀巢公司登录 kitkat 网页，让猩猩们休息一下。通过伪造的无线网络，股东们登录 kitkat 网页，终于了解了发推文的支持者们的感受。

　　绿色和平组织拥有数十亿美元的资金可以对付他们，但它选择玩一种不同的游戏。绿色和平组织使用品牌、资源、创意、协调、信誉、幽默、创造力和现代技术作为武器。

结果如何呢？5 月 17 日，雀巢公司承诺在其供应链中找出并排除拥有或管理"与砍伐森林有关的高风险种植园或农场"的公司。

不要相信对方的权力

不管是哪种能量来源，大部分都是基于认知的，你不需要为任何特定的认知买单。

如果你在与沃尔玛谈判，对方很可能认为，他们的规模和市场准入将使他们在交易中拥有比你大得多的权力。如果他们已经同意了与你达成独家供应商的协议，那么他们将更加确信这一点。但你不一定要买账。如果你准备离开，他们就不再有这个权力了。

想想那些受到挑战的恶霸，如果你不相信他们的力量，他们就一无所有。你如何展现自己和自己的立场，将会直接影响他们在多大程度上接受你的权力。这不是虚张声势，而是尽可能多地展示你的实力。就像鸟儿张开颈羽让自己看起来更强大，这只是为了避免争斗。舒适地展示权力意味着它永远不会被使用。

公平地使用你的权力

你必须愿意使用你所拥有的任何权力，否则你的权力将是不可信的。你可能拥有核武器，但你会使用它吗？法律可能站在你这一边，但强制执行会不会太费力？

我有三个建议：（1）准备好使用你的权力，但要把它作为最后的手段，在让对方很难说"不"的同时，让他们很容易说"是"；（2）巧妙地运用你的权力，否则会适得其反，如果你行使不必要的权力，对方就很可能会使用权力来应对，事情的进展就会受阻；（3）公平地使用权力，否则，正如我们所看到的，对方会感到委屈，并可能会以伤害你作为回应，即使他这样做也伤害了他自己。

在无望的情况下该怎么办

有时，不幸的是，你会发现自己处于一种似乎真的无可救药的境地。那怎么办呢？

- 做好充分的准备，这样你将更有可能利用确实发生的任何事情。
- 你的优势及劣势是什么？你能充分发挥你的优势吗？你能把

你的劣势变成优势吗？

- 尽可能让你的目标和对方的目标一致。

- 建立融洽的关系，对方不太可能冷酷无情。

- 尽可能地虚张声势——张开你的颈羽！

- 坚持下去，看看会发生什么——也许你会感到惊喜。

- 去冒险。

- 也许你可以重新定义结果，从不同的角度来看待它，这样结果就不会那么糟糕了。

- 礼貌地撤退，打你能打赢的仗。有时我们不得不接受打击。我们不能期望赢得生活中的每一场战斗。

行动要点

有技巧的谈判者知道权力有很多维度。

❯ 不要从表面上看交易对手的权力。

❯ 确定自己的权力来源，设定交易框架。

❯ 随着时间的推移建立你的权力来源，这样当你需要权力的时候，它就会出现。

❯ 要有创意。

❯ 无所畏惧，愿意走开。

第 **11** 章

让对方热衷于共赢

这一章对于强势共赢策略至关重要。不玩"共赢"游戏的一个常见原因是，只有在对方也玩的情况下，它才会起作用。这是有道理的。但这并不是改变战术的理由，这只是意味着你必须改变对方的想法，以取得共赢。

许多人天生就追求共赢，与这些人做生意将是愉快、快速和高效的。而有些人天生就有输赢之分，这些人对此坚定不移。

但大多数人都在中间犹豫不决，他们需要帮助。如果你真的给他们提供了一个很好的交易，并且与他们进行了明确的沟通，那么他们为什么不接受呢？

从某种程度上讲，这本书介绍的是如何推动另一方达成共赢。如果你做了充分的准备，从对方和你的角度进行考虑，制订了强有力的备选计划，建立了高信誉和融洽的关系，那么大多数人就已经站在你这边了，并将与你合作。

接下来，我们将研究一些强大的方法，以你希望的方式改变对方的思维方式。不要指望对方会成为一个好人，也不要祈祷对方会喜欢你。你只需要做点什么，进而让他们追求共赢。

那么，你要怎么做才能让对方变成一个追逐共赢的狂热者呢？

成为你想看到的行为的榜样

大多数人都会以同样的方式回应你的行为。幸运的是，我们可以利用这一法则。如果你想让人们以某种方式行事，那就要掌握这个有效的技巧。这几乎就像一根魔杖，挥动魔杖，一切就会变成你想要的样子。

如果你想让对方以一种特定的方式行事，那么你自己就应该这样做。这是一条绝对有效的规则吗？虽然生活中没有绝对有效的规则，但大多数情况下它是有效的。

只有信任才能带来信任

每个人都愿意与自己可以信任的人一起工作。有些交易是如此重要，以至于你想要与一个你可以用生命来信任的人、一个你可以鼓起勇气来信任的人合作。

信任是相互的

你值得信任吗？如果对方不信任你，那么他将永远不会可靠。

你隐藏了多少信息？你在多大程度上没有说出全部真相？在经历了一点点欺骗之后，你会在多大程度上合理化自己的动机？

信任带来信任。如果对方能信任你，他也更有可能值得信任。正如亨利·福特（Henry Ford）说过的那样："如果你认为你可以信任别人，或者你认为你不能，那么你可能是对的。"

首先，你要表现出你的正直，也要表现出你会兑现承诺。在你开始谈论你想要什么之前，先听听对方的意见。找出对他们来说最重要的事，并证明你会尊重这一点。同时，你可以问一些问题，以确保你的理解是正确的和充分的。

其次，清楚你能做什么以及不能做什么，并解释原因。

最后，遵守你的承诺，对任何出错的事情负责。如果你方有错误，请改正；如果对方有错误，允许其犯错并试着原谅对方。

这些说起来容易，做起来难，但一定会有回报。所有这些都会建立起对方对你的信任。

请记住，如果对方不信任你，你当然不应该对他们有任何信任。

如果你真的不信任他们，不妨试着从一些小的或低价值的东西开始尝试，循序渐进，以大家都舒适的节奏建立彼此的信任。互惠是卡尔迪尼的影响力规则之一，实际上它是第一位的。如果你帮了别人的忙，别人也会帮你的忙。有趣的是，研究表明，对方实际上可能会以帮你一个更大的忙作为回报。与对方分享一些信息，他们很可能会向你敞开心扉。如果你对他表现出慷慨，那么他很可能也会慷慨。

完全公开

完全公开与自己有关的一切是一种可怕的想法，但在建立信任方面，以及在产生额外的价值方面，它的力量是令人难以置信的。

卡多·塞姆勒（Ricardo Semler）在《马弗里克》（*Maverick*）一书中讲述了自己的故事。他在 21 岁时接管了父亲的塞氏公司（Semco），这是一家制造企业，公司的年收入从 1981 年的 400 万美元增长到 1993 年的 3500 万美元和 1999 年的 1.6 亿美元。

他是怎么做到的呢？答案是：所有的数据对所有的人完全公开。例如，该公司的员工可以决定自己的工资。这听起来不可思议，也不可行，但令人惊讶的是，这个做法是成功的。

这种做法之所以奏效，一部分原因在于，开放性意味着，员工对薪资的要求是在充分了解公司成本和收入预测的情况下做出的。在这种情况下，员工可以非常准确和公平地估计出其工作的经济价值。这种做法之所以奏效，另一部分原因在于，开放性意味着，员工为自己设定的薪资将被其他人看到。事实上，这一政策在员工中赢得了极大的信任，没有人滥用它，反而经常导致实际工资减少。

公开、诚实导致了所有利益相关者之间的高度信任，并极大地激励了员工。因此，塞氏公司的增长速度是非常快的。

期望对方诚信行事，他就会这样做

拳王迈克·泰森以"地球上最坏的人"而闻名。他在贫民区长大，12 岁时，他第 38 次被捕，并被送往斯波福德青少年中心（Spofford Juvenile Center）。在极具争议的职业生涯中，他会通过告诉对手他想吃他们的孩子来吓唬他们（他很有说服力）。而且，他瞄准的不是对手的脸，而是后脑勺。除了因强奸罪被判入狱，他还咬了对手伊万德·霍利菲尔德（Evander Holyfield）的耳朵，殴打摄影师。他承认自己有毒瘾并被宣布破产。然而，出狱后，他的第一件事就是去清真寺，跪在穆罕默德·阿里（Muhammad Ali）的脚下，为他提供食物。这是一种纯粹、简单、谦卑的行为。

每个人都有两面性，这在很大程度上取决于你如何看待这个人。你与他人的关系决定了他们对你的行为。

比泰森更可怕的拳击手是乔治·福尔曼（George Foreman），他对世界上任何接近他的人都感到愤怒。他现在被任命为牧师，同时也是一个在电视上销售瘦身减脂烧烤机的笑容可掬、讨人喜欢的家伙。

在大多数情况下，人们的行为都是真诚的。所以，做一个值得信赖的人，他人也会同样值得信赖。此外，对他人表现出信任，他们很可能会不负所托。

在一项实验中，一名男子在海里游泳，他把毛巾和随身物品都留在了海滩上。来了一个小偷（实验的一部分），拿走了男子的衣物。20% 概率的情况下，坐在附近的人会站起来阻止小偷。但是，如果男子先问附近的人："不好意思，打扰您了，您能帮我看一下东西吗？"那么 95% 的人看到小偷行窃时都会上前阻止。由此可见，只要你信任对方，他们就会做出回应。

这就是沃伦·巴菲特的秘密武器。他从不为伯克希尔·哈撒韦（Berkshire Hathaway）公司的首席执行官设定目标；相反，他每年都要求他们自己制定目标。他说，他们总是把标准定得比他设想中高得多。他放手让他们去做，相信他们会交付。他们总是能做到。他表现出对他们的信任，他们也没有辜负这份信任。

人们没有辜负我们对他们的期望。这是一种被广泛研究的社会现象，被称为皮格马利翁效应（Pygmalion Effect）。哈佛大学教授罗伯特·罗森塔尔（Robert Rosenthal）表示，如果老师被告知，某一组学生是高成就者（尽管他们是从平均水平的学生中随机挑选的），这群学生在年底的考试中就会表现得更好。换句话说，老师希望他们做得好，而学生们也没有辜负老师的期望。

行动要点

到目前为止，高度信任的合作方式是获得最佳交易的有效方法。然而，只有在双方都特别信任彼此的情况下，才会这样。你的交易对手很可能会在态度和行为方面追随你。

> ❯ 通过分享信息和让自己值得信赖来建立信任。
> ❯ 根据对方的行为反应，以你感到舒适的节奏分享信息。

环境会让人变得更加诚实

麦克斯·普朗克（Max Planck）研究所的克里斯托夫·恩格尔（Christoph Engel）研究了如何让一个人变得慷慨。他的研究证实了一种自然倾向，即人与人之间的互动越多，就越慷慨。换句话说，更好地了解某人有助于建立更紧密的联系。如果需要的话，将谈话从小组转移到一对一的形式上，这些都会让人们更慷慨。此外，表现出你值得别人对你这样慷慨也会对你有利。

其他研究表明，人们可以通过囚徒困境来展现自己更好的一面。参与者可以选择合作（共赢）或竞争（输赢），这是博弈论的支柱。在一项研究中，一组人在听完一个关于人类暴行的故事后玩了这个游戏。另一组人在听完一个陌生人捐赠的肾脏拯救了某人生命的故事后玩了这个游戏。后一组选择合作的人数远比前一组多。

明尼苏达大学（University of Minnesota）进行了一项有两种变化的实验。研究人员事先把一枚硬币放在公用电话亭的窗台上。第一次，当一名毫无戒心的公众在电话亭里时，一名研究人员会出现并询问他是否在窗台上看到一枚硬币。第二次场景是相同的，只是当研究人员问及硬币时，他会轻触一下这个人的手臂。第一种方法得到诚实回答的概率为 23%，第二种方法是 68%。由此可见，触摸会使对方的诚实度提高 3 倍。

让未来更美好

让未来清晰可见，有助于提高合作的可能性。你可以这样做：

- 强调未来的交易（无论是否有直接的、类似的交易）；
- 延长锁定期；
- 使未来可能的交易规模更大或价值更高；
- 更快、更频繁地互动；
- 限制与你或他们打交道的其他人的数量。

所有这些方法都将更加重视未来的互动，从而激励对方在当前的互动中公平竞争。

此外，将交易分解成更小的部分也会有所帮助。即便对方真的作弊，你也可以更快地采取应对行动。值得注意的是，不要让对方在所有的货物都交付后再支付款项，而是先交付较小数量的货物，并让对方在收到每一次交付后付款。这样，他们仍然有动力付款，因为他们需要其余的货物被交付。而且，对方面临风险的金额也要小得多。更重要的是，随着每一次成功的交付和付款，你都在建立双方的信任和诚信记录。如果可以，使之成为长效机制。

行动要点

如果人们知道将来还会和你做生意，他们就更有可能选择合作，并表现得值得信赖。因此，你要做到以下两点。

> 强调你将再次与他们打交道的可能性。

> 如果你觉得有必要，那就制定好交易机制，以便在对方食言的情况下将你要承担的风险降至最低。

第12章

引导对方的私利

要想达成合作，最好的方法之一是引导谈判伙伴实现其利益最大化的目标，找到对方的胜利和你的胜利之间的联系，当对方朝着其目标努力时，他将帮助你实现你的目标。这样做听起来很容易。不过，人们在确定自己的胜利方面非常迟钝，你经常不得不替对方思考。

值得注意的是，我们在解释时要尽量使用简短的词语。这是我们的世界稍微令人感到失望的一个方面，即思想的成功不在于其质量，而在于表达的好坏。你可能有一个很好的解决方案，给了你的交易对手他们想要的一切，但他们仍然会很频繁地说"不"。

我们已经了解了影响力的重要性。融洽的关系是必要条件，信誉度也一样。此外，做大部分的准备工作都是为了说服对方。

但是，在谈判中，最好的、最简单的方法或许是直接询问你的交易对手，他想要达到什么目的，然后用准确的术语来表达你的信息。

建立说服框架

在谈判过程中，如果你无法说明对方，那该怎么办呢？首先要指出的是，不要轻易放弃。一位成功的销售人员会告诉你"不"并不意味着"决不"，而是"还没有"。就是你还没有说服对方。对一种观点的抵制通常表达了一种矛盾情绪，而不是彻底的反对，在这种情况下，你要强化你的观点的优势。

莱尔·萨斯曼（Lyle Sussman）建议你可以建立一个框架来说服对方。你可以采取以下四个步骤。

（1）确定你的目标。

（2）对对方进行 SWOT 分析。

（3）确定对方的核心价值观。

（4）写一个简单的、生动的陈述，整合上述内容。

这种方法的美妙之处在于，你是在利用对方所处环境的动态情况来实现你的目标。换句话说，你利用对方的优势、劣势、机会、威胁和价值观，让你的目标更具有说服力。同时，你要使用生动、丰富的语言。在一项实验中，陪审员被要求对一项合同分歧进行仲裁，在陪审员不知情的情况下，承包商和分包商都在照本宣科。剧本有两个版本，它们的大意完全相同，但其中一个使用了比另一个更丰富的语言（例如，使用了"参差不齐"一词，而不是"粗糙"）。陪审员们发现，当他们使用生动的语言时，支持承包商的概率是原来的两倍。

在谈判前灌输你的想法

就像一艘在海上航行的船，人们需要一段时间来改变船的方向，如果你试图说服对方，就不要指望他们会立刻改变主意。给他们一个机会，然后给他们一点时间考虑你的想法。

如果你在即将到来的谈判上需要一个答案，想办法提前传达你的信息。例如，你可以在谈判室外谈谈你的想法，这样当你们见面时，你的想法对对方来说就不陌生了。如果你幸运的话，对方甚至会把它作为他的想法呈现给你。这样对方就会真正拥有它，你就会确信他们会执行它。正如哈里·杜鲁门（Harry Truman）所说："如果你不在乎功劳归谁，那么你就能取得惊人的成就。"

你还可以给对方发送会前材料、在电话中提出建议、在咖啡机旁聊天，等等。拿出你作为准备工作的一部分而绘制的对方的图谱，看看有什么间接的方法可以把你的信息传递给对方。问问自己：我能与谁交谈？他们听谁的？我能联系到他吗？

你可以打着收集信息的幌子这样做。如果你提出问题，而不是公开地提出一个想法，那么争取别人的时间和倾听就容易得多。然而，质疑行为本身就可能成为推销想法的工具。

用问题说服对方

一般来说，提问是一种不被干涉但有力的说服方式。记住，另一方来到谈判桌上是有原因的。能将这些原因置于对方脑海中的问题，是对方达成交易的动力。

现在，人们分成了两个阵营：要么远离问题和风险，要么追求目标和利益。因此，要想了解这两种性格类型，就要问这两方面的问题。

你可以就对方面临的问题而提出问题，让他们坐到谈判桌前，然后探索它。你问的每一个问题都会让对方的脑海中浮现出他们面临的问题，这样做能提醒他们为什么他们会在这里。

但你可以走得更远。你可以询问有关影响的问题，这会增加对方达成交易的动力。此外，你还要探索问题可能产生的连锁效应，放大对方解决问题的任何动机。

汽车修理工：我注意到刹车时吱吱作响。我可以解决这个问题。你不会花很多钱。

客户：我知道我需要解决这个问题。但我现在手头有点紧，所以我以后再处理这个问题吧。

汽车修理工：好的。你觉得问题出在哪里？

客户：嗯，我相信你知道。这辆车的零件又旧又破，需要尽快更换。

汽车修理工：如果你不更换它们，会发生什么？

客户：我想，最坏的情况是，它们可能在我开车的时候坏掉，我可能会遭遇车祸。

汽车修理工：通常只有你自己在车里吗？

客户：不，实际上。我妻子通常开这辆车，她开车送孩子们上学。嗯，也许我应该现在就解决这个问题。修吧，不会太久的，对吧？

通过探讨问题，然后探讨潜在的影响，汽车修理工说服了客户从"我很快就会去做"到"我现在就去做。"

上述做法可以激励人们远离问题和风险。你还可以通过强调达成交易的好处以及这些好处可能带来的影响来增强对方达成交易的动机。

客户：我觉得太贵了，我可以自己装修房子。

装潢师：当然，这可能很有意义。你当初为什么选择我们呢？

客户：很明显，你比我更专业，也许你可以做一些我根本做不了的事情。

装潢师：为什么这对你很重要？

客户：我正在装修房子，因为我想把它卖掉，它看起来越漂亮，卖得就越快。

装潢师：你想让专业人士来做这项工作，还有其他原因吗？

客户：是的，你说你可以马上开始，而且你会在一周内完成。下周末我就可以请人来参观了。

装潢师：为什么要赶紧卖掉房子呢？

客户：我要搬到国外去了，我越早卖掉它，就能越早离开。我真的很兴奋，我现在就想去！你再说一遍多少钱？也许我们最终能达成交易。

这些问题让客户想到了达成交易的好处。问话更进一步，利益越深入，对方想要达成交易的动力就越大。在这个例子中，我们可以看到利益的层次结构。

- 第一级好处：做专业的工作、更快地完成工作。
- 第二级好处：更快地卖掉房子。
- 第三级好处：更快地移居国外，立即开始新的生活。

第一级好处有助于激励客户，第二级好处更能激励他。但直到讨论到第三级好处时，客户才真正兴奋起来，并决定达成交易。

对方达成共赢协议的动力来自其目前面临的问题与交易将给他带来的解决方案之间的差距。这种差距越大，激励就越大。这些问题不仅让问题和解决方案成为其脑海中的首要问题，而且还放大了潜在的问题和潜在的解决方案，从而增加了对方达成交易的动机。

此外，这种方法的巧妙之处还在于，你根本没有公开说服对方。你只是提出了问题，而在回答这些问题时，对方说服了他自己。这是一种更有效的说服方式。

别杀那只狗

凯伦·布莱尔（Karen Pryor）写了一本关于改变行为的好书，书名为《别杀那只狗》(*Don't Shoot the Dog*)，书中介绍了她如何有效地让对方转而采用共赢的方法。

布莱尔是行为条件反射大师斯金纳（Skinner）的学生。斯金纳认为，行为可以通过惩罚你不想看到的行为和奖励你所做的行为来培养。用这种方法，他训练老鼠跑迷宫，训练鸽子打乒乓球。显然，他的学生在斯金纳身上测试了这个模型——每次他在讲台左侧讲课时，学生都会微笑、点头，看起来很专注；而每次他在讲台右侧讲课时，学生都会皱眉、低头，无趣地做些小动作。据说他差点从舞台的左侧摔下来。

布莱尔得到了一份海豚训练师的工作，并将类似的方法带到了工作中。她的变化是忽视消极行为，而不是惩罚它，因为她发现惩罚适得其反。一只新的海豚会进入游泳池，游来游去，当它做出一些有趣的动作，例如跳出水面时，她会扔给它一条鱼。此时海豚很高兴，但不会将喂鱼的行为和跳出水面的行为联系起来。再过一会儿，它可能会一次又一次地跳出水面，她会把一条鱼扔给它。同样的第三次，也许现在海豚会建立连接，并为了获得鱼而开始不断地跳出水面。

一旦学会了这个把戏，布莱尔就会停止奖励。海豚会感到困惑："等等，为什么我一条鱼也吃不到？"而当它做一些其他有趣的事情时，例如仰泳，布莱尔会奖励它。海豚想："我会再次仰泳，以便吃到另一条鱼。"当然，一旦它也学会了这个把戏，布莱尔就会停止奖励。海豚会再次感到困惑。

根据布莱尔的说法，在它学会了这样的技巧之后，海豚最终会兴奋地游来游去，做各种各样的把戏，只是为了炫耀它能做什么。

她接着训练了许多其他动物，并描述了每一种动物的类似结果。现在，很明显，你不可能和海豚谈判。但事实证明，对海豚、老鼠、鸽子和狗有效的方法，对谈判者同样有效。当然，对于谈判者来说，你需要为对方提供一种不同的奖励机制。向他们扔一条鱼不太可能打动你的谈判对手（尽管你可以自由尝试）。

当然，在谈判中，回报可以是让步，但不一定非得如此。它通常是简单的感谢或认可，或者只是更多地参与谈话。更简单的是，你仅仅通过点头也能表示支持。积极的行为标志会强化这种行为，使该行为更有可能再次发生。

将这种行为贴上身份特征标签也是可行的。当对方就一个有争议的领域提出了解决方案时，如果你说他们是很好的问题解决者，那么你可能会看到更多这样的行为。

每当你的对手做了一些有益于共赢的事情时，试着不要对此感到惊讶。

利用群体动力学来施加影响

如果房间里有不止一个人，你会怎么做？根据迈克尔·格林德（Michael Grinder）的研究，答案是识别三种类型的人，并与他们合作。这三种类型的人分别是领导者、顾问和意见领袖。

领导者是最重要的人。他们是最终的决策者，你首先需要说服的就是他们。他们的行为通常是显而易见的——他们可能是第一个坐下来的人，也可能是第一个拿起文件离开的人，他们可能开启和结束谈话，他们可能是谈话最多的人。

但情况并非总是如此。更能说明问题的是，其他人对领导者的反应揭示了领导者的存在。其他人会对领导表现出明显的尊重，会同意领导的意见。当领导对他们说话时，他们会停止说话，他们通常会看着领导，并在领导说话时仔细聆听。

第二种重要的人是顾问。这是领导在某些事情上听取和征求意见的人。他们可能是通往你目标的一条斜线。与他们接触并说服他们，他们就会去说服领导。

第三类人是意见领袖。这类人是最快表达团队想法的人，他们是你了解领导者想法的有效途径。他们的思维方式与领导者相同，但更容易读懂，这可能是因为他们的思维速度更快，也可能是因为他们的反应更具表现力。因此，你可以通过他们的反应（口头或非口头）来判断你的论点是否奏效。

让我们假设你正在谈论一些有争议的事情，你注意到意见领袖开始有些坐立不安。领导者没有任何表示，但你仍然可以从意见领袖的行为知道他对此有顾虑。基于这一点，你就可以主动承认这种担忧（"我相信你们中的一些人正在思考……"），并消除意见领袖的顾虑和担忧。这会令他印象深刻。

房间里不仅可能有多个人，还可能有多个群体。例如，你可能会带着运营人员和财务团队参与谈判。在大型谈判中，可能有许多团队参与，每个团队都有不同的标准和不同的动机，你需要解决所有这些问题。

过程是一样的：对于每一组，确定三种类型的人。了解意见领袖，说服顾问，但目标是领导。

行动要点

你可以通过帮助交易对手来找到对方的赢点，并在你的赢点和对方的赢点之间建立联系，从而推动对方实现共赢。你可能需要为对方思考，并使用你最擅长的影响技巧。

- 〉站在对方的立场上，准确地表达你的信息。
- 〉根据对方的 SWOT 来设计你的方案。
- 〉问恰当的问题。
- 〉观察任何群体的动态，并利用它们为自己服务。

第 **13** 章

与难相处的人打交道

如果你采取书中介绍的方法，到目前为止，对方很可能会采取共赢的策略。即使他们最初的想法完全不同，但本书中的技巧确实会让人们改变想法。

但有些人可能相当固执地不考虑共赢策略，有的时候，他们甚至不玩这个游戏。他们可能会不讲道理、不愿意妥协、不愿意接受公平的交易；他们可能会对人恶语相向，甚至咄咄逼人；他们可能会操纵或隐瞒信息；他们可能会撒谎，或者使用诡计，可能只是因为他们有这个能力。

因此，在本章中，我将介绍如何处理这些问题。

管理你的反应

你首先要做的是管理自己的情绪反应，这样你就可以合理地选择你的最佳策略。

普林斯顿大学的神经经济学家乔纳森·科恩（Jonathan Cohen）研究了在经济交易过程中大脑的实际活动。例如，在最后通牒游戏中，如果某人得到的比他认为的要少，那么大脑负责情感部分的杏仁核就会起作用（他会生气）。不久之后，前额叶皮层可能会介入，以一种更超然、更合乎逻辑的反应压倒愤怒。

科恩认为，有些人比其他人更善于调节情绪反应。在谈判中，你要控制自己的情绪，这样才能做出正确的决定。如果你面对的是一个"不玩游戏"的人，那就让你的前额叶皮层发挥作用。

在大多数情况下，人们的反应出于习惯。因此，我们倾向于反击、让步或放弃谈判——这是杏仁核的"战斗或逃跑"反应。我们无法控制这一切，因为这是我们的本能反应，而不是经过思考的反应。

你的"战斗或逃跑"反应不是一种强有力的共赢模式。为什么不是呢？因为你无法控制这种本能反应，它只是让你运行的一种程序。

强势共赢策略表示，在任何时候都要评估哪种方式是适合的，然后以易于管理的方式将其付诸实践。这并不容易，你可能会发现，在需要的时候，你很难变得更有主见；你可能还会发现，在需要的时候，你很难做到慷慨；你甚至会发现，在需要的时候，你很难走开。

但通过有意识地思考我们如何反应，我们保留了对方案的控制权。要做到这一点，首先要暂停，不要立即做出反应，而是要喘口气。著名的《内心游戏》（*Inner Game*）系列图书的作者蒂莫西·盖尔韦（Timothy Gallwey）说："停下来！"

- S：退一步（Step back）。
- T：思考（Think）。
- O：整理你的想法（Organise your thoughts）。
- P：当你知道自己的最佳行动时再行动（Proceed when you know your best action）。

记住，你不必马上回答。你可以：

- 在瞬间暂停；
- 把工作移交给团队中的谈判伙伴；
- 请求暂停；
- 中断谈判，直到下一次谈判。

当你评估你可能采取的行动时，记住要专注于你从交易中得到的结果。即使是暂停本身也足以改变局势。如果对方对你大喊大叫或出言不逊，而你拒绝以牙还牙，那就等对方说完，然后再静静地坐上 10 ~ 15 秒，这样足以显示出你不赞同对方的行为，而不必主动贴上标签。这往往会使对方采取更合理的做法。

正如费希尔和尤里在《谈判力》一书中所说："要把人与行为分开。"一方面，对行为或结果进行判断（而不是对人进行判断）可以使一切具有建设性；另一方面，你应该对个人做出积极的判断。

将"大喊大叫于事无补""这一条款需要修改"与"你可以很委婉""这是你们提出的一个好主意"进行比较。前两个说法是具有建设性的，严格来说是关于行为或事情的；而后两个说法是积极的，与个人有关。

当然，如果对方特别难缠，那么这可能是具有挑战性的。我有一个朋友在工会和管理层之间担任调解人，他说，双方都会对他进行令人难以置信的辱骂。他们会当着他的面说非常粗鲁的话，但这永远不会影响他。他会把他们想象成原始人在向他扔棍子和石头，他会在心里躲开，然后想："哦，他们很有趣。"他不会让这些行为影响他。

如果遇到对方对你进行人身攻击，沉默可能会让对方感到尴尬。如果有必要，建议休息一下来缓解这种情绪，或者忽视对方，继续处理手头上的问题，使对方对你的攻击转向对问题的攻击。使用"我们"的语言，而不是"你"和"我"。

提醒对方他们为什么在这里

如果你想达成一笔成功的交易，而对方不是在玩共赢游戏，那么你就应该向他们展示共赢的好处。例如，提醒对方为什么他们在谈判桌上；提醒他们关注更大的利益；提醒他们为什么你提供的东西对他们有益；提醒他们他们的选择；提醒他们如果你离开，他们会留下什么。你甚至可以把数字加进去，把它们清楚地说出来。

威廉·尤里在《谈判力》一书中专门讲述了如何在人们"不玩游戏"的时候扭转局面。他说："如果你想让人们变得更加理性，以共赢为导向，那么你必须为他们思考。如果你提供的真的是一笔好交易，这应该足以让他们恢复理智，你可能只需要把它说出来。"

在交易中保持强势

现在，信誉比以往任何时候都重要——你需要在交易中表现强势，赢得对方的尊重。强势共赢策略的观点是：永远不要让自己被欺负。

请记住，在一定程度上，欺负者会欺负自找欺负的人。也许这是苛刻的，但我可以肯定地说，欺负者在欺负人时，他认为被欺负的人可以摆脱这种行为，重要的是他知道你不会容忍这种行为。

这是强势共赢哲学的关键部分。你做事靠谱，他就更有可能尊重你。在交易中保持强势至关重要。所以，你要记住所有关于展示信誉度的信息。你越强壮，对方就越尊重你。

把注意力集中在关系上

当然，在交易中，你需要在保持强势和专注于和谐之间找到平衡。如果你的实力强，同时又能维持和谐的关系，那么你就会得到最好的待遇。

如果通过电子邮件或信件进行沟通不顺利时，请通过电话或更好的面对面的方式进行交流。当人与人之间进行交流时，提及一位共同的朋友、共同爱好，或者提醒对方你是"我们中的一员"，对方可能会转变态度。

试着理解对方的行为

试着从对方的角度来考虑问题，他可能有一个很好的观点。即使不是，如果你认可对方的看法，那也将大大削弱他的影响力。

你可以尝试以下三种做法：（1）积极地倾听并提出问题，以认清问题的来源；（2）向对方复述你的理解，并询问是否有所遗漏；（3）表现出你理解对方的感受，并告诉他，如果你是他的话，你可能也会有同样的感受。

此外，你还要寻找你能同意的观点，但要自信地做这些尝试，同时要坚持自己的观点。这并不意味着你必须屈服于对方的压力，这只是意味着你承认对方看待事情的角度。我们经常认为，对手的要求不合理或不公平，但事实并非如此。他们是有理性的，只是可能与你的理性有所不同。找出他们的驱动因素，你就能更好地与之合作。

赏识对方

罗杰·费希尔（Roger Fisher）是《超越理性》（*Beyond Reason*）一书的作者之一，他在书中探讨了情绪在谈判中的作用，他认为，许多谈判者在情感上的一个核心关注点是"他们是否受到赏识"。花时间和精力去欣赏对方会对沟通产生巨大的影响。

以下几点有助于沟通的进展：

- 真正倾听对方的观点；
- 倾听对方交流的潜台词；
- 读懂对方的情绪；
- 从对方的立场上看问题，寻找对方的优点；
- 传达你的理解和看到的优点。

重要的是，你可以欣赏对方的观点，同时也欣赏你自己的观点。欣赏并不意味着屈服。然而，它确实能使沟通达到一个完全不同的水平。

人们的行为从来都不是孤立的，而是对他人行为的反应。如果你想改变别人的行为，最简单的方法通常就是改变自己的行为。因此，考虑一下你是如何促成对方的行为的，以及你如何才能改变这种行为。

美国临床治疗师米尔顿·埃里克森（Milton Erickson）描述了他在父亲的农场长大时，他看到他的父亲试图把一头小牛拉进谷仓。小牛非常倔强，无论埃里克森的父亲怎么用力拉，都无法把他拉到谷仓里。埃里克森有了一个不同的想法。他试着把小牛从谷仓里拉出来。当然，那头倔强的小牛只是更用力地向后退，慢慢地它把自己和埃里克森同时拉进了谷仓。埃里克森关上了谷仓门，完成了任务。

如果你的交易对手一直在顽固地捍卫一个站不住脚的立场，那么你再怎么努力也不一定会有结果。试着以某种方式改变策略，对方必然也会改变策略，而你可能会得到你想要的结果。

采取中立的观点

我们刚刚看到，从交易对手的角度看问题是多么强大。此外，采取中立的观点也是非常有用的。其宗旨是，在心理上跳出当前的局面，站在"未察觉的观察者"的位置上看待问题，然后行动。

想象一下你是一个调解人，如果你必须在两方之间进行调解，你会对每一方提出什么建议？虽然你有你的观点和你的利益出发点，但如果你只是停留在原来的位置（他们停留在他们的位置），那可能是你没有进步。想象一个调解人将如何处理问题，可能会使你向前迈进一大步。

尊重每个人

在谈判中，你需要尊重每个人，把每个人都当作高地位的个体。做出让步会影响一个人的自我形象，因为他不希望给别人留下软弱的印象。此时，给予他人尊重会让其对自己感觉更好，所以他不会担心做出让步。

尊重他人，你才能得到更好的待遇。当然，你也要尊重自己。

当情况已经改变时，你需要帮助对方做出让步。此时，你可以给对方一条出路，使他能够优雅地退让。同时，你还要给予对方信任，因为这往往是他采取行动所需的基础。因此，你要探索对方的想法，并以此为基础表示你的尊重。你还可以给他们多种选择——当他们做出选择时，这就是他们的想法。

你可能还需要帮助对方推销他自己的想法，例如与他们一起制定战略、讨论论点。

虽然没有借口，但有时人们会在无意识的情况下做出攻击性或侮辱性的行为。即使是在这种情况下，你也不必发脾气。你只需要坚定地表明自己的立场：听着，我很高兴继续谈判，但不是像这样，要么我们可以在更合理的基础上进行谈判，要么等你准备好真诚谈判的时候再重新谈判。

针锋相对

费希尔和尤里认为，以原则为中心的方法通常足以帮助人们合理行事。强势共赢策略对此观点表示赞同，当这一观点与"针锋相对"策略结合起来时效果会更好。

在罗伯特·阿克塞尔罗德（Robert Axelrod）的一些有关改变游戏规则的研究（我们将在后面讨论）的支持下，针锋相对的策略是指，一开始要开放、信任和合作，但如果另一方让你失望了，在你下一次与其打交道时就要惩罚他。现在交易并不意味着成交，这可能是你的下一次谈判的话题。但原则是从合作和假定合作开始，即只要他们合作，就继续合作；一旦他们采取消极行动，就进行报复。

迈克·韦伯斯特曾帮助联邦调查局设计人质谈判方案。他强调，把对良好行为的奖励承诺和对不良行为的惩罚威胁结合起来，是使对方回心转意的最佳方法。

这是软硬兼施的策略，该策略的本质是让对方知道其行为的影响，但前提是，你的威胁和承诺必须是可信的，这意味着你要坚持到底。通过这种方式，你可以激励对方真诚地行动。如果对方想要在谈判桌上达成最好的交易，他们就需要以真诚的行动来获得交易。

阿克塞尔罗德建议将以下规则作为制胜策略的基础。

- 友善：从合作开始，只要对方愿意合作，就继续合作。
- 易激怒：一旦对方叛变，立即报复。
- 原谅：当对方愿意恢复合作时，再次合作。
- 明确：让对方知道你在做什么以及为什么这么做，这样对方就会知道即将发生什么。
- 不要嫉妒：不要担心对方得到的大多，你只需要关注如何最大限度地提高你的收益。

研究表明，如果遵循"以牙还牙+1"的策略，在真实的谈判情境中会产生更好的效果。在这种情况下，"+1"意味着如果一方被激怒，其不会立即报复，而是让对方有机会弥补。这是因为现实世界的情况往往是复杂的，而且往往有"噪声"干扰。因此，最好不要直接使用这一"武器"。相反，你要告诉对方发生了什么，并且告诉他这是你不可接受的，但要给对方一个解释、道歉或撤销的机会。如果对方重复这种行为，那么你就可以报复他了。

使用"+1"的方式作为缓冲可防止因意外事件而使局势不必要地变成敌对状态。

伦敦大学的苏克温德·谢吉尔（Sukhwinder Shergill）教授在2003年进行了一项极具启发性的实验，揭示了冲突是如何迅速升级的，尽管双方都不希望如此，而且都认为自己的表现非常公正。

在他的实验中，两名志愿者轮流对对方的手指施加压力。指令是给双方完全相同的压力，不能多也不能少。然而，在实践中，每个人向对方施加的压力平均比其刚刚接受的压力多 40%。每一次都发生这样的情况，以至于局势迅速恶化，尽管双方都真心认为自己是公正的，而另一方是失控的。

在现实世界中，你和你的搭档、上司、谈判对手发生的事情，有多少是这种行为的真实写照？从一种角度看似乎合理的事情，从另一种角度看似乎是不合理的。

最后的技巧

在采取了上述所有尝试后，如果你仍然没有取得任何进展，那就重新考虑是否要继续下去。你当初为什么要谈判？你更大的目标是什么？你的备选计划是什么？在现实中，哪个方案更好？在这种情况下，你还想谈判吗？

请回顾第 10 章有关权力的话题，以深入了解你可以使用的不同资源。然而，权力应该作为最后的技巧使用，并且你需要熟练地使用它，因为使用它往往会适得其反。如果你使用权力，对手很可能也使用权力作为回应，你们的谈判将迅速走下坡路。根据罗杰·费希尔的说法，你需要让对方很容易地说"是"，同时让他们很难说"不"。也就是说，你应该总是让对方看到你最好的提议。

不要以为对方已经想清楚了说"不"的后果。最好是以一种中立的、不具威胁性的方式问他们"你认为如果……会发生什么？""你会怎么办，如果……？""你认为我会怎么做，如果……？""如果你是我，你会怎么做，如果……？""你认为我的上司会要求我做什么，如果……？"当然，这些不是威胁，而是实事求是的探讨。再说一遍，威胁将产生反作用。

行动要点

如果对方很难相处，那么你应该做到以下几点。

❯ 保持冷静，管理好你的反应。

❯ 对这段关系保持积极的态度，但在任何情况下都不要让对方胁迫你做出不必要的让步。

❯ 提醒对方与其他选择相比，交易的好处。

❯ 充当调解人。

❯ 如果你仍然不开心，那就考虑一下你的备选计划，考虑一下在什么时候离开是最好的选择。

第四篇

解决问题

THE LEADER'S GUIDE TO
NEGOTIATION

第 14 章

找到解决方案

至此，双方已经建立了良好的关系并建立了信誉，双方分享了彼此希望从协议中得到的东西。现在双方必须拿出一个每个人都接受的解决方案。

这是个棘手的问题，不是吗？这才是真正的谈判。这就是讨价还价、掰手腕。在这一部分，你必须注意对方的伎俩，也许自己还得准备几个伎俩。

如果你已经完成了我们迄今为止讨论过的所有事项，而且做得很好，也许一切都会水到渠成。你甚至可能没注意到自己经历了这个阶段。

如果各方都在为一个共赢的结果而努力，并且有一定程度的信任，那么达成交易并不困难。双方不需要敲打桌子、怒气冲冲地摔门而出。

想象一下，这更像是 19 世纪的外交官，他们在喝茶的时候，以迷人而礼貌的方式瓜分了整个领土。

我们将谈判重新定义为：双方共同解决问题的过程。每个人都喜欢解决问题，把谈判想象成一个填字游戏或数独游戏吧!

谈判进程

让我们退后一步，看看问题的解决过程如何适应整个谈判过程。我们可以用不同的方式来看待它。

扎尔特曼（Zartman）和伯尔曼（Berman）认为交易有三个阶段：

- 谈判前阶段；
- 方案；
- 细节。

谈判前的工作包括使谈判得以进行的那些沟通和通信。这些"关于谈判的谈判"可能短至五分钟，而如果是长期存在的国际争端，则可能需要数年时间。

谈判前的工作涉及明确谈判的范围、参与者，以及诸如地点和日期等需要实际考虑的因素。它们还可能包括是否需要第三方在场，如调解人、仲裁员、观察员或监管者。

在方案部分，双方将商定谈判的进程、遵循的规则和章程，以及将为谈判进程提供参考的任何客观基准、方案和先例。此时谈判本身尚未开始。

当然，这些不同的阶段并不是一成不变的，因为谈判从来都不是线性的。然而，这些工作的部分价值在于，它们通常使双方更容易在讨论实质性问题之前就原则问题达成一致意见，并且通常可以达成共赢的过程和方案。然后，一旦商定了这些问题，谈判本身就会更加顺利，按照商定的进程进行并相应地取得公平的结果。

从不同的角度来看这个过程，可以分为四个阶段：

- 开始；
- 探索；
- 解决问题；
- 结束。

谈判前的工作很少被清晰地定义，它们通常是重叠的。我再强调一遍，谈判不是线性的。

我们已经讨论了建立融洽的关系和信誉度的重要性，并且详细讨论了个人层面的联系。我们还确定了要解决的问题的性质。在开始实质性的讨论之前，先找出对方的目标可能是什么。一定要从利益层面去找，而不是从职位层面去找。首先要明确双方的背景，例如他们的情况如何，他们目前面临的问题是什么，以及他们在未来一两年要努力实现什么目标。

你只有知道对方的远大目标，才可以帮助他们实现目标。如果你能证明你会帮助对方实现目标，那么他们会回报你的。把各方的目标和限制都摆在桌面上，你就确定了你的问题。

如果你发现你的对手是守旧派，他们的回应是把他们的初步价位摆在桌面上，那很好。相反，如果双方没有这么做，那么你就要探究其背后的原因，并询问他们想要实现什么以及为什么要这样做。他们甚至可能没有意识到这一点。这将把他们带向更大的目标，并展开更大的讨论，为共赢提供更多的选择，他们将获得比原来更好的待遇。

对方对在会谈初期提供这类信息可能会相当谨慎，而这只是意味着你们还没有建立足够的信任。通过了解对方的诉求，你可以帮助他们更好地实现他们的诉求。

首先，你可以通过分享你的诉求来建立信任。然后在确定了各方的诉求之后，问一问你能以何种方式帮助对方实现他们的诉求，他们又能以何种方式帮助你实现你的诉求。

现在，你已经有了达成共赢战略的雏形。

作为合作伙伴一起工作

至此，双方已经建立了融洽的关系并建立了信誉。双方已经确定了要解决的问题：使双方都能在掰手腕游戏中最大限度地提高分数；完成一笔交易，让双方都受益；和平、公正地解决纠纷。

现在，双方要一起努力找到最好的解决方案，作为合作伙伴共同努力，应对共同的挑战。你有你的议程和限制，对方也有他们的议程和限制；你有你的想法，对方也有他们的想法；你有你的资源，对方也有他们的资源。你有你的联系人，对方也有他们的联系人。双方需要把这些分享出来，然后解决问题。

当然，合作关系并不总是"手牵手，走向夕阳"。这是英国物流研究所在研究采购商 / 供应商合作关系的性质时所做的一项调查。在同一项研究中，另一句话更加直白："伙伴关系中有很多麻烦。"

研究还发现，更有效的伙伴关系包括：

- 与供应商共享需求预测；
- 积极地帮助供应商降低成本；
- 积极地帮助供应商提高质量；
- 与供应商的供应商直接沟通；
- 共享自身库存水平的数据；
- 与供应商合作，减少供应链中的库存；
- 共同进行产品设计。

这表明各方之间的融合程度相当密切。如果双方能达到这种并肩工作的程度，那么你们的谈判将是富有成效的。

有趣的是，该研究指出，有效的伙伴关系往往是在操作层面上形成的，但当销售部门和采购部门参与进来时，这种关系就会被破坏。也就是说，专业的谈判人员会破坏已经形成并正在发挥作用的强有力的、有效的伙伴关系。

令人遗憾的是，人类可以合作，而谈判者却不能。记住，你也是人。合作并不意味着变得软弱。对方的胜利不一定要以你的损失为代价。我们不是在谈论输赢。强调这一点似乎有些奇怪，但我会尽我所能确保你获得胜利！而这也不意味着输赢。你的胜利不一定要以牺牲对方为代价。事实上，如果你们像伙伴一样合作并努力解决问题，你就会取得更好的胜利。

做人不能太软弱，而是要强硬。双方要一起强硬地解决问题，要强硬地找到最佳的共赢解决方案。这就是为什么一些公司喜欢与沃尔玛这样的公司合作。沃尔玛的强硬手段促使与其合作的公司不断创新并发明新的解决方案。

我的一位同事是世界上最大的建筑公司之一的谈判代表。他参加了一次会议，会议上，一个重要的客户（一家拥有世界上几个最大机场的机场公司）要求就合同进行重新谈判，其诉求是，对方提供同样的服务，但成本降低20%。

他事后表示，这不是一个咄咄逼人的姿态，客户表示愿意削减成本。他承认，这对他的公司有好处。与机场公司合作，建筑公司发现了许多降本增效的措施。因此，这家建筑公司变得更有竞争力，并能够将这些效率带给其他客户。

仅仅因为你有能力就强制削减 20% 的成本，这很有男子气概，但很愚蠢。而帮助你的供应商找到降低 20% 成本的方法是非常聪明的。

解决问题的技巧

解决问题的技巧有很多，简单地说，它包括以下三个问题。

- 你现在在哪里？
- 你想去哪里？
- 你如何从现在的位置到达你想要的位置？

第一个问题的答案来自各方分享他们的现状，以及他们面临的问题和可能存在的制约因素。

第二个问题的答案是：共赢。你想要实现共赢的局面，并且双方都能实现各自的利益。

第三个问题的答案是：切实可行的行动计划。它能让你从目前的状况走向你想要的结果。

虽然有时候这很容易，但前提是，你要具体地分析每个问题。你越具体，答案就越有可能浮出水面。你必须清楚自己的现状，知道自己想要什么，并且把这两个描述进行比较。如果你分析得足够具体，那么你的行动计划将非常明显。

华特·迪士尼的天才

华特·迪士尼（Walt Disney）不仅是一位创意天才，也是一位商业奇才。在三个场景（短片动画、故事片动画和娱乐主题公园）方面，他彻底改变了一个行业，或者说建立了一个全新的行业。在公司成立近100年时，公司每年的销售额达到了500亿美元。

迪士尼形成了自己的解决问题的方法，这也是其成功的基础。罗伯特·迪尔茨（Robert Dilts）认为，解决问题需要三个不同的阶段，每个阶段都涉及有不同的思考过程。"实际上有三种不同的华特·迪士尼：梦想家、现实主义者和破坏者。你永远不知道哪个会来参加你的会议。"迪士尼的同事奥利·约翰斯顿（Ollie Johnston）和弗兰克·托马斯（Frank Thomas）在《生活的幻觉：迪士尼动画》(*The Illusion of Life: Disney Animation*)一书中如是说。由此，迪尔茨确定了解决问题的三个不同阶段。

第一个阶段是"梦想家"阶段，在这个阶段，愿景有了扩展的空间，成为一个梦想。重要的是，你首先要给梦想插上翅膀，突破思维定式。这种类型的思维包括以下几种。

- "如果……那不是很好吗？"
- "我希望看到的是……"
- "如果我们知道我们不会失败……"
- "如果我们有无限的预算……"
- "如果我们能找到一个看似不可能的解决方案……"

当然，有些人读到这些，只会觉得这些想法很可笑，它们是不可能的。这正是华特·迪士尼的观点。在这个阶段，这些都是不可能的，因为他想打破束缚，让人们的思维后退。

华特·迪士尼非常实际（500 亿美元的年销售额是极其实际的），但他认为更重要的是，在第一阶段，人们的想法不应该因为考虑可能性而停滞不前。

到了第二个阶段，思想才变得实际起来。在这个"现实主义者"阶段，你会问："我们需要做什么才能把梦想变成现实？"这是计划阶段。这就是你变得现实的地方，你需要考虑现实世界的问题并制订一个循序渐进的行动计划。

第三阶段则更实际。这就是所谓的"批评"阶段。在这个阶段，你超越了现实，允许自己愤世嫉俗。审视你的现实计划，考虑所有可能出错的事情。这种想法能让你识别出所有的陷阱并制订出一个严密的行动计划。

如果你想了解这种思维的力量，请看阿波罗计划。1961 年，当肯尼迪宣布支持载人登月计划时，这还只是一场白日梦。大多数人从未考虑过这个遥不可及的想法。考虑到需要实现的巨大的技术飞跃，大多数专家都认为这是不可能实现的。然而，通过一步一步地规划，"不可能"在10 年内成为可能。我们引用吉姆·洛弗尔（Jim Lovell）对尼尔·阿姆斯特朗（Neil Armstrong）着陆的评价："这不是奇迹，我们只是决定这么做。"

迪士尼认识到，这种三阶段的方法要想成功，就必须让三种不同的思维方式环环相扣。他在总部留出了单独的房间，让团队成员只能在那里"做梦"。在那里，所有的梦想都是非凡的。他把其他房间都布置成只允许展现现实的空间，这些空间是留给批评家的，以质疑什么是缺少的，或者什么是需要改变的。

他意识到，把不同的部分隔离开来就有可能避免这样的场景，即梦想者开始做梦却被批评家打倒，或者现实主义者被梦想家责骂太平淡或缺乏想象力。每一种思维方式都有其作用，但每一种都需要你自己去探索。

这种创意与务实、积极、现实的结合将会非常有力量。把它应用到你的谈判中，你就会产生一个真正为各方创造额外价值的解决方案，一个激励每个人都朝着这个目标努力的解决方案。你将制订一个切实可行的行动计划来实现它。而且，你还将预先解决所有可能妨碍这个计划的陷阱。

展现创意

谈判是一个惊人的创造性过程，而创造性思维是为所有参与者创造最大价值的关键。

优秀的谈判者的思维遵循这样的原则：每个问题都可能有不止一个解决方案。这些解决方案中有些会比其他更好，而哪一个是最好的只能通过分析来确定。

事实上，创造力在商业中是一项至关重要的技能，它是所有进步的核心。《商业周刊》（*Business Week*）为庆祝创刊 75 周年，推出了一期完全以创意为主题的特刊。因为该杂志相信，其在过去 75 年的增长都是由创新推动的。

那么，我们如何才能更有创造力呢？两次获得诺贝尔奖的莱纳斯·鲍林（Linus Pauling）被问及他是如何产生这么多伟大的想法的。"如果你想有好的想法，"他说，"你必须有很多想法。大多数想法都是错的，你要知道扔掉哪些。"简而言之，你有很多想法，扔掉不好的想法，这就是创造力。

在谈判中，第一件事就是不要接受作为唯一解决方案被提出的第一个解决方案。它可以被介绍为"好吧，显而易见的解决方案将是……但也许在我们直接进入这个话题之前，我想知道我们是否能想到其他的东西？"

或者，如果别人提出了第一个解决方案，你可以说："是的，这是一个非常好的解决方案，而且非常可行。在决定我们的方案之前，让我们试着多想几种可能性。"

当然，尽管鲍林获得了两次诺贝尔奖，但是许多商业人士并不会像他那样开明。你可能会因为在一次会议上提出大量的想法而失去信誉，因为你没有适当地考虑这些想法的质量。更糟糕的是，在谈判中，对方可能会把你作为协议的一部分。

因此，你可能希望使用以下短语来介绍这一概念。

- 让我们来点头脑风暴……

- 让我们考虑一些不同的可能性……

- 如果我们能更有创意一点呢？

如果人们对此持不开放的态度，那么你仍然可以在谈判之外进行头脑风暴。你可以与自己的团队合作，也可以自己单独进行，或者与你为此目的而拉拢的人一起进行讨论。然后，当你介绍你的想法时，你可能希望通过使用以下短语来表明它来自头脑风暴。

- 我不是说这就是我们追求的目标……

- 一个选择可能是……

- 如果我们要……

- 在理想的世界里……

至关重要的是，每个人都必须明白，在这个阶段，人们所提到的任何具体的想法都不涉及任何承诺。

激进思维

突破来自对一切事物的质疑：你假设的情况可能并非如此。

1968 年是革命之年，这一年见证了世界田径运动的一场革命。纵观跳高的历史，跳高的动作不是用剪刀腿就是用跨跳。如果有人建议跳高运动员应该头朝下、向后跳，他们可能会被嘲笑。在墨西哥奥运会上，迪克·福斯伯里（Dick Fosbury）尝试了一下这种跳法并获得了金牌，创造了新的纪录。现在，极少有运动员使用其他方法。

同样，在 20 世纪 50 年代，铅球运动员帕里·奥布莱恩（Parry O'Brien）质疑了在投掷前，前后摇摆手臂的技术。他能用不同的方法扔得更远吗？他发明了一种获得额外动力的方法，即在推球之前将身体旋转180 度。他打破了 17 次世界纪录，并连续赢得了 116 场比赛。

行动要点

将谈判重新定义为你需要与交易对手合作解决的问题。

> 在讨论任何实质性问题之前，先就谈判的程序性问题达成一致意见。然后，一旦达成一致意见，接下来的议程就会顺利进行。

> 为各方建立更大的利益格局。

> 明确如何帮助对方实现他们的目标，以及他们如何帮助你实现你的目标。

> 要有创造性，也要考虑现实因素。

> 对问题要强硬，而不是针对人。

第 **15** 章

交流

　　事实上，所有的谈判都是沟通。解决方案的质量取决于沟通的质量。因此，本章将介绍如何提升沟通技巧，以便我们能够成为更好的谈判者，并获得更好的交易。

　　沟通是一个深植于所有人际交往中的过程，我们认为这是理所当然的。正如乔治·萧伯纳（George Bernard）指出的："沟通的问题……我们认为这是一个直截了当的过程。"当我们说话时，对方完全理解我们，当然，我们也完全理解他们。但实际上沟通不总是这样的。你接收到的信息不总是与对方发出的信息相同。

　　如果你想达成最好的交易，如果你想找出对方试图对你隐瞒的信息，如果你想要确保交易在实践中能够得到兑现，那么你不能再把沟通视为理所当然的过程，你应该学习如何更好地沟通。

对沟通的成功负责

谁来负责保证沟通成功呢？是说者还是听者？

答案是双方都有百分之百的责任。注意，这与五五开不同。双方要单独承担全部责任，五五开的话，双方都有太多的回旋余地。

因此，如果我试图向你传达一个信息，我必须确保我表达的信息能让你完全理解。我必须检查你是否理解，如果我怀疑你没有完全理解，我不能怪你，我需要想出另一种表达方式，直到你理解为止。

同样，如果有人告诉我一些事情，而这些信息会帮助我，那么我就要确保我收到了这些信息，并检查我收到的信息是不是对方想传达的。

当然，这一切都取决于沟通对你有多重要。如果你对谈判的成功与否不感兴趣，那就无所谓了。但是如果你想要达成交易，那你就应该对此负责。如果交易破裂，你也不能责怪对方沟通能力差。

沟通在哪里出了问题

最简单的沟通模式是，一个人有一个想法并且用语言表达了出来，另一个人听到并且能理解这个想法。

良好沟通的目的是尽量缩小两种理解之间的差距，即缩小

图 15-1 中两个思想气泡之间的差距。正是这些思想气泡之间的差距造成了谈判及其执行中的许多问题。

图 15-1 良好的沟通模式

事实上，潜在的误差很大。在图 15-1 中的每个阶段都有可能出现问题。如果我们把这作为沟通的起点，我们可能就会成功。

那么，我们如何才能成功地避开沟通雷区呢？

如何成功地避开沟通雷区

有想法并不意味着就要说出来

沟通的关键是，你要意识到你在沟通，并且思考你在说什么，而不是胡言乱语。你可以遵循以下步骤检视自己的想法：

- 暂停；

- 收集你的想法；

- 问问自己，你真正想要传达的是什么；

- 在心里检查一下这是否是你真正想要传达的。

一般来说，说话慢一点会让你的沟通更成功。

说出来并不意味着被听到

沟通中的关键之一是：自信！你要大声、清晰地说话，把每一个字都说清楚。不要在别人说话时说话，否则他们就听不到你说的话。

人们很可能看上去正在听你说话，但你是否仍然吸引着他们的注意力？或者他们是不是已经开小差，开始思考晚餐吃什么或昨晚的电视节目？

为了让对方更容易保持专注，你在说话时要注意以下几点：不要说得太快或太慢，不要讲太长时间，使用简短和简单的词语，用他们能理解的语言。

听到并不意味着被理解

为了验证对方是否理解了你说的话，不要问直接的问题，例如"你明白吗？"因为这样的问题几乎总是会得到"是"或"不是"

这样的回答。所以，你最好问一个开放式的问题，例如"你通过这个理解到了什么？"或者，一个有效的、间接的方法是，问他们一些你所说的话中隐含的东西，并通过他们的反应来判断他们的理解程度。

此外，视觉化会有所帮助。为了更好地传达复杂的想法，并且给对方一个明确的参照点来澄清他们还没有完全理解的信息，你既要画出来，也要说出来。即使是把想法写在一张纸上，也可以提供一些帮助。

理解并不意味着获得认可

同样，直接的问题几乎总是得到"是"或"不是"这样的回答，所以这是不够的。你可以从非语言交流中验证对方是否完全同意你的看法。身体语言、面部表情和语调是否暗示了其他的信息？问他们具体同意什么，或者间接地问协议所暗示的信息，并评估他们的反应。

如果你怀疑他们没有完全同意，尽管他们说了"是"，也要问他们还不确定什么，或者还需要什么，他们才会完全认可你的看法。

获得认可并不意味着能得以应用

这是谈判中最重要的环节之一，即商定的内容要真正得到落实。签了字并不意味着协议一定会在现实中发挥作用。

为了确保协议被执行，双方都需要得到激励，因此协议需要以共赢为基础。双方需要再次检查并监督协议的实际执行情况。时刻牢记一句话：信任但要核实。

得以应用并不意味着能够维持

双方要努力把协议锁定起来，这样，当事情发生变化或出现不同的情况时，各方仍有动力去实施协议。双方要尽可能多地考虑意外情况，并将其纳入协议中。

简单的规则是，对于每一个阶段，事前要意识到可能出错的范围，并在事后检查是否有改进的空间。

善于倾听

当人们提及优秀的沟通者时，他们想到的是善于交谈的人。在沟通的关键技能中，交谈实际上排在第三位。倾听和质疑都胜过诉说。

要想如愿以偿地接收到别人的信息，关键在于倾听，而且要善于倾听。倾听有好坏之分。

坏消息是，要做到善于倾听是很困难的，我们通常在这方面做得很差。大多数时候，我们不再倾听对方，因为我们认为自己知道对方要说什么，或者我们专注于思考我们接下来要说的话。不善于倾听往往会造成项目超支、销售损失、婚姻以离婚而告终等后果。

然而，好消息是，我们可以学会更好地倾听，如果我们这样做了，我们就会脱颖而出。因为其他人都很不擅长这个，如果我们善于倾听，我们就有了竞争优势——人们往往认为我们很好。这么小的投资就有这么大的回报，为何不去尝试呢？。

那么，如何学会倾听呢？善于倾听的关键是要积极地聆听。积极聆听包括：

- 聚焦；
- 提出问题并与对方交流；
- 倾听话语背后的含义以及对方实际上没有说出的内容；
- 倾听非语言信息；
- 倾听潜台词和情绪；
- 验证你的理解是否正确。

当别人长时间说话的时候，我们会很自然地走神。关键是要注意什么时候会发生这种情况，当你这样做的时候，把你的注意力放回到对方所说的话上。坚持这样做，你会提升你的专注力。

参与到发言中是非常重要的。好消息是，如果你假装感兴趣，你很快就会变得感兴趣了。就对方所说的内容提出问题，你将真正与之产生互动。这样做也将让你更容易听进去对方说的话。

沟通的四个维度

汉堡大学（Hamburg University）的舒尔茨·冯·图恩（Schultz Von Thun）教授发明了一个名为"沟通的四个维度"的模型（有时也称为"四耳模型"），在这个模型中，每一条信息都有四个层次：

（1）事实；

（2）自我启发；

（3）关系；

（4）诉诸行动。

（1）事实

事实层面传达的是眼前事物的纯粹事实。在图 15-2 中，当坐在副驾驶位的男士说交通灯是绿色的时候，事实是交通灯确实是绿色的，而不是其他颜色。

（2）自我启发

自我启发层面揭示了沟通者的信息。我们每次说话都会透露一些个人信息，这是我们无法堵住的漏洞。当图 15-2 中的男人说绿灯亮时，他很可能是在传达他很着急，或者他是一个没有耐心的人。

图 15-2　司机与乘客的对话

（3）关系

这个层面的沟通揭示了发送者和接收者之间的关系信息。在图15-2中，男人很可能对司机感到厌烦，或者认为对方是一个糟糕的、迟钝的司机，或者因为这个司机的缘故，他总是迟到。

（4）诉诸行动

沟通的结果是诉诸行动。如果一次沟通包含四个层面的信息，我们就可以选择对哪一个层面做出回应。请注意，司机的回复是："你开车还是我开车？"几乎可以肯定地说，司机是在回应关系层面的问题，其回应也有四个层次的信息，我们可以很容易地猜测出行动的诉求是什么。

在积极的倾听中，我们倾听所有四个层次的信息。我并不是说这四项都很重要，而是有可能是其中任何一项，而不仅仅是事实层面。

倾听的一个关键因素是情感。在谈判中，情绪是非常强大的力量。无论沟通者看起来生气或失望、热情、得意或无聊，这对你的谈判立场来说都是非常有用的信息。单纯的语言可能并不能暗示任何情绪，你要看语言背后的非语言信号，例如语气、面部表情或其他身体语言。

更重要的是，如果你注意到这种情绪并承认它，那这就是一种非常有力的方式，表明你已经听取并采纳了对方所说的话。如果你说："我听说你对价格感到失望，让我来解释一下我们是如何提出这个价格的。"那么对方会更容易接受。

最后，通过总结对方所说的话来验证和澄清你的理解，并在必要时承认对方的感受，表明你已经听取了他们的意见，这是建立对方对你的信任的非常有效的方法。如果有人觉得自己的话被真正理解了，他们就会更全面地参与对话，也会更愿意做出让步。

问正确的问题

我们刚才已经看到，沟通中最重要的技巧之一是倾听。第二个重要的技巧是提出正确的问题。正确的问题会给你提供你需要知道的信息，即使对方不一定想透露这些信息。正确的问题也可以用来澄清误解，正如我们已经看到的，它甚至可以用来影响和鼓励另一方达成交易。

回到我们上面的模型，我们如何知道某人表达了他的意思呢？事实上，我们怎么知道对方已经完全想清楚了呢？我们又怎么知道我们已经准确地理解了对方的意思呢？答案是：问正确的问题。

揭开未知的面纱

要想在谈判中取得成功，你就必须尽可能多地了解实际情况。

并非一切都是可知的。我们可以猜测未来的经济状况，我们可以预测未来的销售，我们可以估计经营成本，但我们不能确切地知道它们，因为世事难料。

我们通常可以做准备并从适当的来源找到我们需要知道的信息。但正是那些我们自己都不知道的事情，才会让我们措手不及。

以一只火鸡与屠夫的故事为例。一千个日子里的每一天都在证实，火鸡已经知道的事情是它深受屠夫的宠爱，火鸡变得越来越胖。然后，在感恩节那天，火鸡得到了一个"惊喜"……当然，这对屠夫来说并不奇怪。

你的谈判对手可能知道一些信息，但他没有告诉你。他是恶意的吗？也许吧，但更多的时候是因为他以为你已经知道了，或者他认为他已经告诉你了，抑或是他没有看到这些信息与谈判之间的相关性。记住，有想法并不意味着说出来。

找到对方不想让你知道的事情

你如何确保自己不是火鸡，与你谈判的对手不是屠夫？

1981 年，微软与西雅图电脑产品公司（Seattle Computer Products）达成了一项协议，获得了该公司被称为 86-DOS 的操作系统的授权。这笔交易的金额是先付 1 万美元，再加上微软每卖出一份可转让许可的收入（1.5 万美元）。因此，微软总共支付了 2.5 万美元，因为它只将其转授给了一个客户。

西雅图电脑产品公司没有被告知这位客户的姓名，不久之后，微软提出了额外提供 5 万美元直接购买该产品。大家都同意了。

西雅图电脑产品公司并不知道一个关键的事实：微软打算将操作系统转授权给哪家公司。因此，它不知道自己产品的巨大价值。

这位未透露姓名的客户原来是 IBM 公司，它将 86-DOS 重新命名为 MS-DOS 并以此作为操作系统推出了新产品。在接下来的 10 年里，微软从 MS-DOS 的销售中获得了超过 2 亿美元的收入。

漏斗式提问法

简要回顾一下我们的现状：我们已经说服交易中的其他参与者合作，以谋求共赢，我们已经取得了一些进展——将谈判重新定义为一个有待解决的问题。我们已经很好地了解了自己的情况，我们还需要尽可能彻底地了解对方的情况。这些都是我们需要挖掘的未知因素。这些信息可能很重要，然而，在对话开始时，你可能连自己都不知道你是怎么发现这些信息的。

答案是一种被称为"漏斗式提问法"的技术。记者们很清楚这种技巧，他们想了解一个故事，但他们不知道这个故事可能是什么；警察或侦探也知道这种技巧，他们需要了解信息，但他们不知道他们需要了解什么信息；管理顾问、间谍、律师也知道这种技巧，任何需要信息但不知道从哪里开始的人都知道这种技巧。

总之，当你运用"漏斗式提问法"时，你可以问的问题非常宽泛，然后，随着你发现了感兴趣的事物以及你想了解更多的事物而缩小范围。具体操作是通过适当地使用开放式和封闭式问题，一开始让对方设定讨论的议程，但随后慢慢地把谈判引导到你想要了解的地方。

针对表 15-1 左边一栏中的问题，答案很可能是简短的"是"或"不是"。如果你正在探索并想挖掘一些有用的信息，这样做不一定有帮助。而右边一栏中的问题却给对方留下了更多的空间，可以让对方长篇大论地进行回答。

表 15-1　封闭式问题与开放式问题对比

封闭式问题	开放式问题
你喜欢昨晚的电影吗？	你觉得昨晚的电影怎么样？
生意进展得顺利吗？	目前生意进展如何？

步骤 1：开放式间接问题

如图 15-3 所示，提问漏斗从开放式间接问题开始。提问是开放的，所以它允许一个更宽泛的答案；同时，提问是间接的，所以对方是设置议程的主导者。毕竟，对方了解这些信息，所以让他们谈谈吧！这很可能是一个简单的问题，例如"生意怎么样？"或者"那么告诉我，你对新项目的看法是什么？"这样对方就可以详细地回答这个问题，谈论其所知道的一切。

步骤 2：开放式直接问题

当对方回答这个问题时，他可能会提到一些你感兴趣的事情。因此，提问漏斗的第二步是通过提出公开、直接的问题来引导对方朝这个方向前进。例如，对方可能会提到项目中的一些问题，而你可能想了解更多，所以你会问："你提到的那些问题是什么？它们产生了什么影响？"同样，这个问题是开放式的，这让对方可以详细回答，但你已经把对方引向了你希望了解的领域。因此，你现在正在设置对话的议程。

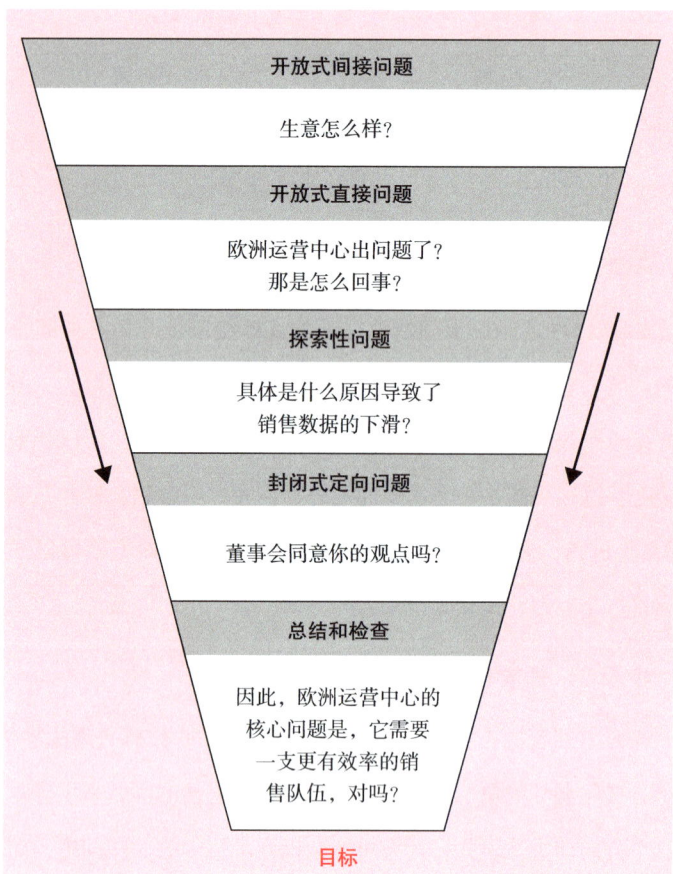

图 15-3　提问漏斗

步骤 3：探索性问题

因为你引导了对方趋向你想要了解的内容，所以他的答案中自然会有你想要填补空白的内容。这些可能是他们认为不相关的事情，或者他们认为你已经知道的事情，抑或是他们只是忘记了，但你觉得这对你来说是有用的事情。

因此，提问漏斗的第三步是问一些探索性的问题，例如"你到底是什么意思？"或"具体发生了什么，当……时？"

步骤 4：封闭式定向问题

第四步涉及封闭的、有针对性的问题，以确保你的理解是正确的、没有回旋的余地。例如，"你同意了吗？""你有证据吗？"

步骤 5：总结和检查

最后一步是用自己的话总结你的理解并向对方复述，以检查你是否听懂并正确理解了对方所说的话。

这是一种非常有力的方式，你可以探索自己不知道而对方知道的领域，并放大那些你认为对你有帮助的领域，让你了解更多的信息。在谈话过程中，你可能会在这个漏斗中上下移动几次，因为你发现了不同的重要领域。

当然，对方可能会拒绝告诉你答案。西雅图电脑产品公司向微软询问了它客户的名字，而微软的回答毫无疑问地含糊其辞。在这里，你可以有哪些选择呢？

（1）研究

你可以在会议之外研究这个话题，你很有可能从其他来源找到你需要的信息。

（2）围绕主题问问题

如果对方不直接回答你的问题，那么问间接的问题可能会让你找到答案。在通常情况下，出于保密的原因，一方是不允许泄露某些信息的，但他可能会很乐意让你知道，只要看起来信息不是直接来自于他。即使他不想给你提供信息，但有时候一个间接的问题也可能会让他措手不及，从而信息会被泄露出去。

（3）身体语言

当对方试图隐藏信息时，这时身体语言就显得尤为重要。我们将在后面更深入地探讨这一点，非语言信号往往会泄露信息。如果对方看起来不舒服，那么他很有可能隐瞒了什么，或者他没有说出全部真相。一个好的提示是，让他经历一些事情，然后评估他的反应，特别是在非语言信号方面。

听出言外之意

你遵循漏斗式提问法问了很多问题，现在你完全知情。但不幸的是，事情并没有那么简单。首先，正如我们所看到的，对方可能不会告诉你真相或全部真相。尽管他们真诚地回答了你的问题，给了你很多信息，但也许仍不够。

如果我们回到沟通模式上，即使你做了一切你能控制的事情，你专注地倾听到了对方所说的一切，你理解了自己所听到的一切，但在这个模式中还有一步是你无法控制的。这个模式的第一步——"有想法并不意味着说出来"——已经包含了潜在的错误。甚至这种想法在一开始可能就不准确。

谈判是在现实世界中进行的，所以你的提问都会涉及现实世界的事情。但这种交流并不一定是现实世界的准确再现。

让我们举一个具体的例子。你向制造商提供组件，并重新谈判合同条款。为了大致了解当前的商业形势，你问他们生意做得怎么样，他们自信地回答说，销售额上升了。

太好了，现在你可以谈判了，因为你知道你会比以前运送更多的组件，这显然会影响谈判的进展。但是，"销售额增长"在现实世界中究竟意味着什么？你自然而然想到的是一个图形，它大概是图 15-4a 所示的这样。

但也许，当你看到实际的销售数据时，情况是不同的。也许更像是图 15-4b 这样。

是的，销售额有所增长，但幅度不大。或者可以是图 15-4c 这样的。

的确，与去年同期相比，销量额有所增长，但趋势明显下降，如图 15-4d 所示。

也许，当对方说销售额增长时，他们指的是不同的产品线或不同的市场或总销售额。但不幸的是，你的产品线和市场正在走下坡路，如图 15-4e 所示。

最后，也许销量确实下降了，但他们搞错了事实，或者他们被告知销量上升了，或者他们误解了他们被告知的内容（见图15-4f）。

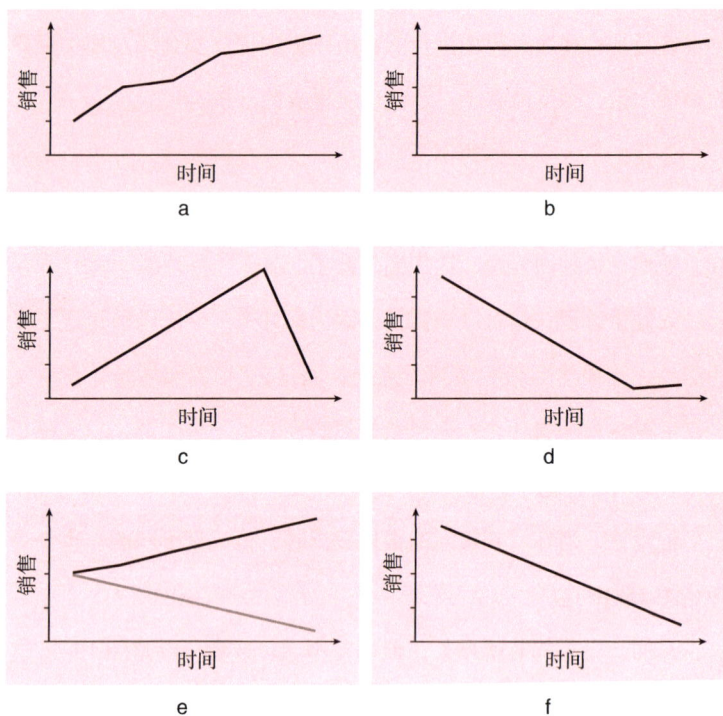

图 15-4 销售额增长的不同解释

基于以上任何一种不正确的解释来签署协议，都可能是一份不公平的协议。

获取具体信息

那么，如何听懂言外之意，找出文字背后的真实情况呢？答案是：获取具体信息。例如，以下提问方式就很可取。

- "哪些具体的销售额增长了？"
- "他们具体增长了多少？"
- "具体而言，与何时相比？"

"具体而言"是一个非常有力的词，它使对话能够深入到必要的细节层次。"销售额增长"隐藏了太多可能的现实场景，但"具体而言"挖掘出了真实的情况。

当然，细节也很重要。它们可能意味着达成交易或不达成交易之间的差异。想象一下下面的对话。

客户：这个项目必须在 5 月底前完成，就是我们上线的时候。我们所有的营销材料上都写了这个日期，这个日期不能变。

供应商：我们恐怕不可能在这个时间内全部完成。我们根本没有资源。

让我们定格在这里。目前，双方还没有达成任何协议。客户要求供应商必须在 5 月底前完成项目，而供应商不能交付。接下来，让我们继续谈话。

供应商：请告诉我，项目的哪些具体部分需要在此之前完成？是否有一些可以在以后交付？

客户：好吧，显然是客户端界面与数据采集部分。但是，的确，管理报告可以在之后交付。

供应商：好的，那是可行的。我们可以交货。

通过放大细节并查看具体的交付成果，我们能够达成交易。

此外，值得强调的是，人们不喜欢说谎。大多数人确实看到了撒谎和不讲真话之间的道德差异。许多人对隐瞒某些事实感到舒服，但会对主动撒谎感到不舒服。

如果你在提问时感受到了对方的不安，那么你很有可能正在接近一些有趣的事实——他们不想撒谎，但也不想说出全部真相。在这种情况下，你能做的就是继续研究事实！

回溯

在确保我们的沟通成功的过程中，定期回溯是很有用的。所谓回溯，就是总结到目前为止所说的话，检查每个人的理解和认同程度。

你要做的是，向对方复述你所听到的内容，以确保你的理解是正确的。让对方向你复述他所听到的内容，以确保他理解你的意思。在谈话的某些时刻，做一个简短的总结："在我们继续之前，为了确保我们都认同这一点，我们要说的是……"

在会议中，往往有一个人负责倾听，验证理解得是否充分且准确，并总结会议的进展情况。研究表明，这个人通常被认为是会议中最有影响力的人。他不一定贡献很大，但他倾听、澄清和总结了相关要点。

SPIN 销售法的发明者尼尔·拉克姆（Neil Rackham）的其他研究也表明，优秀的谈判者验证自己的理解程度和总结过程的次数是普通谈判者的两倍多。

行动要点

记住，谈判并不像我们通常认为的那样是一个完美无瑕的过程。我们要做到以下几点。

❯ 认真倾听，弄清楚对方所说的话背后的含义。

❯ 提出开放式问题，了解你需要了解的信息。

❯ 提出封闭式问题，以获得具体信息并避免歧义。

第 16 章

僵局

预期的僵局

谈判中最棘手的情况之一是"双方由于互斥的要求而陷入僵局。这些问题经常出现，并可能会导致交易失败。好消息是，在大多数情况下，他们不需要这样做。而且在大多数情况下，我们可以找到解决方案。

谈判中不可避免地会出现僵局，这正是你要谈判的原因。一场对峙、一个似乎无路可走的时刻，或者对方的要求似乎不可避免地要以牺牲你的利益为代价，等等这些不是谈判的结束，而只是谈判过程中的一部分。请记住，慢慢来，继续对话，发挥创造力，你会找到解决问题的办法。

这就是领导者的作用所在。他们超越了大多数谈判者放弃的极限。"我想做 X，但因为 Y 而不能做。"这是一种非领导者的说法。我相信那个理由 Y 是完全合理的，但一个领导者是不会就此罢休的，他一直在寻找不同的解决方案。这并不容易，否则我们都将无所不能。但那些真正能够主宰一切的人（或类似的人）是不会因为某些原因而停下来的，他们会找到另外一条路。汉尼拔（Hannibal）率领一支由大象组成的军队与罗马作战。不幸的是，阿尔卑斯山挡住了他们的去路。就我个人而言，我可能已经放弃了，但他比我更强大。他说："我会找到一条路，或者创造一条路。"

继续走下去，你会找到那条路的！

也许你找不到方法，交易失败了。你需要接受这种情况。记住，在任何谈判中，任何时候你都需要有足够好的替代方案。这样一来就算交易不成功，你也不会有太多遗憾。否则，你会做出太多的让步，这笔交易就不值得了。

因此，在这种情况下，我们如何才能摆脱明显的僵局呢？

僵局往往发生在职位谈判中。如果一方坚持谈判的某些结果，而另一方也坚持，这些结果就有可能相互排斥。对各自结果的坚持将导致谈判陷入僵局。如果双方想要的东西完全相同，而且只有一个并且是不可分割的，那么就会出现僵局。

或者说，如果双方没有达成共识的领域，那么双方就会陷入僵局。例如，我正在出售一处房产，我希望价格是 38 万 ~ 44 万英镑，而潜在的买家的预期是 35 万 ~ 42 万英镑。交易是这样的：

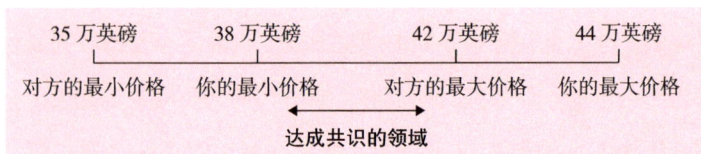

35 万英磅	38 万英磅	42 万英磅	44 万英磅
对方的最小价格	你的最小价格	对方的最大价格	你的最大价格

达成共识的领域

然而，如果对方能够支付的最高金额是 39 万英镑，而你能够接受的最低金额是 41 万英镑，那么双方就没有可以达成一致的地方，交易是这样的：

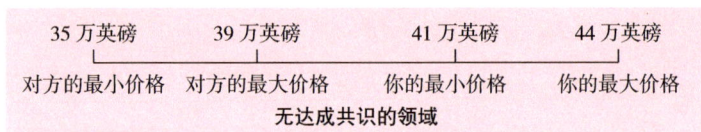

35 万英磅	39 万英磅	41 万英磅	44 万英磅
对方的最小价格	对方的最大价格	你的最小价格	你的最大价格

无达成共识的领域

当双方都坚持各自的立场，特别是使用价格这一单一维度时，就会出现僵局。幸运的是，有许多方法可以绕过这种相互排斥的僵局，其中一些我们已经遇到过。

在坚持己见的同时保持融洽

首先，我要强调，在讨论比较棘手的问题时，保持融洽很重要，这并不意味着以任何方式让步。对人要友善，但对问题要强硬。

有一种身体语言技巧可以帮助你做到这一点，那就是站着或坐着并与对方保持 45° 的度角。如果双方正对着彼此，那可能是对抗性的，但转移 45° 可以改变这种情况。

然后让人在一张纸上写下双方坚持的观点（例如，它可以是一份报告、一封电子邮件、一份合同，或者干脆就是两个不同的价格），并让它稍微远离你们两个人，而不是位于中间。这就把问题"客观化"了，使问题与关系分离。每当你谈到这个问题时，都要看着这张纸。每当你谈论解决方案或关系时，就回头看看你的交易对手。

这是一种确保关系不会被问题误导的方法。它不一定是一张纸，也可以是一台笔记本电脑或任何其他可以与该问题联系起来的实物。重要的是，每当你谈论困难的事情时，你都会看这里；每当你谈到好事的时候，就回头看看那个人。这是个简单且实用的技巧。

回归大局

在通常情况下，绕过僵局的最简单的方法之一就是回到基本点上，提醒自己为什么在这里，以及你想要实现什么。当你着眼于更大的前景时，你在达成交易时就会有更大的灵活性。

让我们以一个橘子为例，你想要它，我也想要它。我们都盯着它，双方僵持不下。

我们可以为橘子而战，我们中有一个人会赢，另一个人会输。如果我们最近读过一本有关谈判的书，那么我们可以达成妥协，把它切成两半——我们每人得到一半的橘子。但那样的话，我们两个人都不会得到我们想要的完整的橘子。

让我们想象一下，我们最近刚刚读过手头这本书，我们知道要着眼于大局。我们会思考，我们到底想要橘子做什么？获得橘子能帮助我们实现什么更大的目标？

也许你想用它来做果汁，而我想烤蛋糕（我只需要橘子皮）。现在，在找到眼下状况背后更大的目标之后，我们都能够得到我们想要的——你得到果汁，我得到果皮。

还是以上面的房产为例。如果我问买家为什么要买这套房产，很可能是他们打算半年后搬到这个城市，他们在市场上看到这套房就爱上了它。不过，他们真的只能拿出 39 万英镑。在这种情况下，如果我接受 39 万英镑的价格，对方允许我在他搬来前的半年内继续免租居住，那结果可能对各方都有利。

如何取得进展

僵持有时可能是出于某种实际上并未明确说明的原因。在这种情况下，只有找到真正的原因，谈判才能取得进展，尽管这并不是公开的。只有揭开根本症结才能解决问题。

具体到细节

当你了解到协议的细节时，看起来的僵局实际上可能并非如此。还以橘子为例，在细节上，我具体想要什么？你具体想要什么？所以，虽然我们都说我们想要橘子，但实际上，我们真正想要的是两种不同的东西，所以根本不存在僵局。

这又是"具体"二字的妙处了。你具体想要什么？你为什么特别需要它？你实际上需要（橘子的）什么特定部分？

同样，在房产的例子中，我将接受最低 41 万英镑的价格，但潜在买家只能负担 39 万英镑。当我详细了解了他为什么负担不起更多时，可能只是因为他的抵押贷款公司不会借给他。这可能会为最后的 2 万英镑开辟一个寻找其他资金来源的渠道，同样，现在达成协议也是有可能的。

打破僵局

如果出现了僵局，那就想想你还能拿出哪些尚未讨论过的东西。换句话说，看看哪里还有创造性机会，它可能会打破僵局。

除了橘子，我可能会有一个苹果，我可以给你苹果汁，这样我就可以拿橘子做我的蛋糕了。或者你可能已经烤了一个蛋糕，你很乐意给我，这样你就可以把橘子做成果汁了。

在房产的例子中，根据实际情况，有许多可能的创造性解决方案可以适用。如果我搬出这个地区，但仍在附近工作，我可以保留车库，这可能会弥补 2 万英镑的差价。

保持中立

你持有你的观点，你很肯定这是公平的。你有数据和证据来支持它，毫无疑问，你也会有无懈可击的推理。对方也会如此。

当你被困在你的位置上，对方也被困在他的位置上，双方就都不可能进步。不管怎样，你需要找到一个中立的视角，不是作为对手进行谈判，而是充当调解人。

想象一下，在这种情况下，跳出你的观点，成为一个调停者。如果你必须在这两方之间进行调解，你会对双方提出什么建议？你从这个角度能看到什么？

邀请你的交易对手也这样做。

想象一下谁能给你一个好的中立的建议，想象一下这个建议会是什么。哈佛大学教授、英特尔首席执行官安迪·格罗夫（Andy Grove）的传记作者理查德·泰德洛（Richard Tedlow）描述了格罗夫曾经与董事长戈登·摩尔（Gordon Moore）召开危机会议的情形。"如果董事会把我们赶出去，"格罗夫问道，"他们又请来了一位新的首席执行官，你认为他会怎么做？"摩尔马上回答："他会把我们从记忆中抹去。"格罗夫说:"那我们为何不走出去,再回来,自己动手呢?"这就是他们所做的,他们扭转了公司的局面。

参照客观标准

费舍尔和尤里以原则为中心的方法很少陷入这种僵局。他们的首要原则是"关注利益,而不是立场",这与从大局看是一样的。他们的第二个目标是"创造互惠互利的选择",这与富有创造性是一样的,这样有助于避免僵局。他们的第三个原则是"参照客观标准",这是另一种有效的方法。

使用客观的标准或独立的数据意味着解决方案不是基于你的意见或你的交易对手的意见,而是基于中立的参考点。

但客观的标准并不局限于数据。你可以就达成解决方案的客观原则达成一致意见。如果在知道结果之前就商定了这一原则,那么与实际数字相比,这个数字争议较小,也更容易使双方达成一致意见。

商定一个公平的程序

双方可以就客观程序达成一致意见。你可以同意抽签。如果涉及更多的变量,双方可以使用其他程序。任何涉及多个变量的谈判都可以简化为一个简单的"轮流接受"程序(例如,如果我可以删除该条款,那么你可以在合同中插入该条款)。

这一程序有几种变化。

- 如果每个回合的大小或价值存在显著差异，那么双方可以对此进行调整。例如，你有第一选择，我有第二、第三选择。
- 先从名单中剔除无争议的部分。例如，双方选择自己最喜欢的项目。如果这些是不一样的，那很好，我们可以保留它们；但如果我们选择了相同的项目，它们就会进入"有争议的"那部分。最后，逐项处理有争议的项目。
- 分而择之。我切蛋糕，你选择你想要的那一半。换句话说，一个人公平地将不同的项目分组，然后另一方可以选择其想要保留的组。这激励了第一个人要尽可能公平地分组。
- 更复杂的方法包括三个步骤：（1）每一方在不同的项目上根据自己想要的程度分配 100 分；（2）每件物品的最高出价者获胜；（3）如果一方最终获得超过 50 分的物品，那么他将被重新分配，直到分数分配尽可能接近公平的五五开。

很显然，如果在陷入僵局之前选择了特定的程序，那么谈判将更加成功。否则，各方都有可能倾向于特别有利于自己的程序。

打破僵局的其他办法

僵局往往可以通过改变会谈的环境或动态来缓解。

- 通过讲一个笑话或有趣的故事，或者通过谈论新闻或体育事件，来建立融洽的关系。

- 休息一下，喝杯茶，过一会儿再开会。
- 休息较长时间，过几天再召开会议。
- 让别人来说话。
- 更换团队中的某个人。
- 换个环境或场地。

如果你所有客观的尝试都失败了，那就去找另一方求助，想办法让讨论更自由。

- 让其他有权打破僵局的人参与讨论。
- 让一个能带来其他信息的人参与进来，改变平衡点，从而使谈判更自由。
- 使用独立的调解人。虽然他们不会为你做决定，但他们是公平的。一个好的调解人可以降低情绪的温度，以及发现不太明显的利益和解决方案，并提出挽回面子的可能性。
- 使用仲裁人。仲裁人会以客观的态度权衡双方后为你做出决定。

有时，僵局往往是因为个人。有些人不简单，也许这正是他们被聘为谈判代表的原因。如果你用尽了你所有的情商和技巧，尝试了以上所有的方法，但都没有效果，那你就可以要求对方团队把他从谈判团队中除名。新来的人可能会改变谈话的气氛，让事情变得轻松。

如果还不行，你的最后一招就是退出交易。但是记住，在你这样做之前，要给正在发生的事情贴上标签，并提醒对方你将要做什么。提醒对方交易的价值、他们的备选计划以及你的备选计划，这会让他们恢复理智。

如果还不行，就消失。使用备选计划！

行动要点

僵局是谈判过程的一部分。当你试图解决它时，要始终保持融洽的关系。

> 回过头来看大局。各方在这里真正想要实现什么目标？

> 尝试找出导致僵局的真正的、根本的原因，并解决这一问题。

> 关注细节，也许在没有冲突的细节层面上，你能找到解决方案。

> 客观并富有创造性。

第 **17** 章

让步

我们来到了大多数人认为是谈判本身的过程——讨价还价，互谅互让。希望你能从你目前所读到的内容中了解到，事实往往并非如此。很多时候，如果交易安排妥当，实际上几乎没有讨价还价的情况发生。

然而，假设讨价还价永远不会发生是不现实的，但当它发生时，真的不需要感到恐惧或咄咄逼人。最有效的方式还是将其视为两个合作伙伴并肩作战，以找到最佳的互利结果。

在老派的掰手腕谈判方式中，正是因为需要让步，才可能真正导致交易破裂。这是什么原因呢？双方都不想做出让步，因为他们认为这意味着软弱。有一位律师对我说："如果你发现自己在谈判，你就已经输了。"如果双方都持有这种态度，那么任何一方都不会做出任何让步，所以双方是在对峙，却没有达成任何协议。对峙的结果是：任何一方都不会赢。

我必须指出，在法律争端中，围绕权利的让步与想要争取的东西之间是有区别的。确立权利是法律的范畴，这是根据法律案件的是非曲直来决定的。而在法庭外的谈判中，谈判应该更多地围绕每一方想要什么，独立于他们的权利。

显然，权利构成了公平交易的背景，也将决定你的备选计划的价值。但非正式谈判应围绕每一方希望实现的目标进行，而不论其法律权利如何。

人们期待让步

当你在摩洛哥的露天市场上为一块地毯讨价还价时，你很快就会意识到，讨价还价通常是按照剧本进行的。你可以学习这个剧本并预测到交易的最终结果。

而如果你图省事、省时间，直接提出你期望的价格，则是行不通的。一些老派的谈判代表可能会像下面这样做。双方可能会建立很好的伙伴关系，一起解决一些问题，但他们仍然会期待让步。无论你的起始价格是多少，无论这个价格是一步一步推导出来的，还是从一开始就提出来的，他都会期望你让步，这种习惯根深蒂固。

也许你可以把这种情况纳入你的计算。

做出让步可能是非常有效的。互惠原则认为，大多数人会以自己的让步来回报这种让步，而且他们的让步往往会比你做出的让步更大。当然，如果他们为你做出了让步，你并不一定要以让步作为回报。你应该确定这样做的唯一目的是否是让你以让步作为回报。如果是这样的话，那这就是操纵，你应该予以抵制。

最简单的让步形式——交易

最简单的让步形式是：交易。不管我们是用香料换黄金，还是用特许权换特许权，基本原则都是一样的：这是一种基于事实的交换，即事物对不同的人有不同的价值。我会给你一些对我价值低而对你价值高的东西，作为回报，你给了我一些对你来说价值很低而对我来说价值很高的东西。这是一场没有痛苦、互惠互利的交易。

从你们的准备和先前的讨论中，看看对方想要实现什么目标，看看对方必须付出什么代价。然后问以下两个问题。

- 对我来说，什么是简单的付出；对他们来说，什么是高额的收益？
- 对他们来说，什么是简单的付出，而对我来说却是高收益的？

这是实现谈判共赢的关键过程。如果你能熟练地发现这些，你就会发现整个谈判过程是愉快的，你会在你的职业生涯中非常成功。

让步的三条规则

让步的三条规则是：

（1）合理的；

（2）有回报的；

（3）有标签的。

使你的让步合乎逻辑

当然，你的整个谈判应该合乎逻辑。你所持的任何立场、你提出的任何要求，都应该得到逻辑论证的支持。还记得你最合理的立场吗？也就是说，即使是你最极端的要求也需要保持在合理的范围内。

任何让步都需要有理有据。你需要解释一下你为什么做出这样的让步。否则，它将得不到重视，更糟糕的是，你可能会失去信誉。

有时候，你的理由不像别人的那么可信，但你总应该有某种理由。

有一次，我与某位客户洽谈一项工作，我以相当高的价格进场。对方打电话对我说，他们真的很想与我一起工作，但他们根本负担不起，所以很遗憾，我们没有达成协议。现在我必须想办法接受更低的价格，同时保住面子，还不能丢了信誉。

我的理由是："好吧，我在周二提供折扣，如果我们在周二完成工作，我们就可以达成交易。"虽然这有些离谱，但它起作用了，他们相信我，双方都很高兴。

但一定要小心，一个完全荒谬的理由可能会导致信誉的丧失。如果你的交易对手拿出"周二"让步的理由，那就让对方保持颜面。

使你的让步与回报挂钩

一定要确保你的让步能得到回报。

正如我们所看到的，互惠原则意味着在许多情况下，你的交易对手会相当自然地做出让步。如果你与对方有着良好的工作关系，彼此信任，你就不需要提出特别要求。

然而，你可能必须轻推对方的胳膊肘并要求一些东西。如果你这样做，那么再次使你的要求和你自己的让步非常合理。例如，你可以建议，如果对方前期购买的数量较多，你可以为对方提供折扣价，因为安装成本相对较低。

有回报的让步可能并不总是很明显。事实上，你的让步可能是为了回报对方的行动。

在这些情况下，使用"如果……那么……"这个伟大的句式。例如，"如果我们按你的要价付款，那么你能提供什么以便让我们觉得值得呢？"或者，"如果你从合同中删除这一条款，那么我们能做些什么来满足你的需求呢？"

使用这样的条件性语言的好处是：它不涉及承诺。对方会回应你一个建议，你仍然有机会表示同意或不同意。这样一来，双方可以展开讨论，进而去探索那些可能不会带来任何结果的可能性，同时增加了你找到突破口的机会。

给你的让步贴上标签

让步的第三条规则是：给让步贴上标签。不要指望你的对手能注意到你的让步，并欣赏你所做出的努力，相反，你要让他们非常清楚地知道你做出了让步。

你要详细说明以下几点。

- 你做出的让步及其背后的理由。
- 你的成本。
- 这么做为对方带来的好处。

花时间解释你的立场并使其合理化，而且不要轻易让步。要想让步，对方需要注意到并承认这一点。

让步的形式

讨价还价

如果谈判中只有一个变量（实际上很少有这种情况），例如你在市场上就花瓶的价格讨价还价，正如我们所看到的，讨价还价的心理是期待让步。

然后，根据市场情况，变量可能不止一个。与其一下子从 30 英镑降到 20 英镑，不如先提出 25 英镑的建议，然后是 22 英镑，再然后是 20 英镑。另一方会觉得他已经做得很完美了，即使 20 英镑是你一直以来打算支付的价格。

做出越来越小的让步会让人产生一种错觉，以为你正在达到自己的底线，即你不会超越的那个点。

折中

折中是一种常见的互相让步的形式。它不一定是一个理性的解决方案，但它可能会打破僵局。

一种策略是，你的对手愉快地同意折中的方案，然后在下一次会议上报告说，他的上司不会接受，他们需要你做出进一步的妥协。如果他这样做了，其可能会得到其他的回报，但他也可能是在虚张声势。

更好的做法是，让对方提出折中的建议，因为这样他就会获得更多。在这种情况下，对方就不太可能反悔了。

如何应对极端的开价

强势共赢策略的做法是，首先找出各方的利益。传统的方法是，首先找到各方的开场价格，然后开始讨价还价，直到找到中间某个价格。定位法有一个两难的选择：是从你的开场价格开始，还是从询问对方的开场价格开始？

有时候，第一个报价是有好处的，因为这样做，你就设置了锚。锚定是一种心理过程，通过这个过程，我们得出某物的公允价值。具体来说，当提到一个报价时，得出的最终公允价值可能会受到这个报价的影响。这就是为什么卖房者比买房者更有优势，因为卖房者设定了房子的广告价格。这个开价现在成了一个锚，很可能会影响最终的交易价格。这也是为什么房产经纪人会给你推荐超出你预算的房子，因为当他给你推荐在你预算范围内的房子时，你会认为在高端市场中它们相对便宜。顺便说一句，解决这个问题的简单方法是给代理人一个较低的报价作为开始；或者，感谢他向你展示这个很棒的房子，提醒他你的预算，并询问他供应商是否愿意达成交易。

强势共赢策略是从利益入手，然后彻底解决这个问题。但如果对方启动程序，并以报价作为开场，你该怎么办呢？正如我们在本章开头所看到的，最好的办法是忽略它，并探究其背后的原因。

但如果对方的开场报价是一个相当极端的提议呢？你必须确保

你不会受到锚的影响。

你可以通过改变计量单位来实现！然后通过自己的评估过程（基于与对方不同的方法和假设），把你自己推导出的数字（激进地或者温和地）加入到你的报价中，这个报价会更低，这将是新的锚。更重要的是，这个报价会进一步削弱对方的锚定效果。

在讨价还价中，最终商定的价格通常介于两个开价之间。因此，如果这真的是一个单一变量的交易，那就把你的报价做到中间点，然后最终以你的目标价成交。如果对方提出了一个极端的条件，那么这意味着你也要提出一个极端的条件，你必须能够证明这一点，同时还要声明你愿意谈判的理由。

只做不说

在谈判中，如果你能说点什么，那是非常有帮助的，但不要直接说出来。原因有以下三个。

第一个原因是，有时候你可能喜欢探索一个主题，但你不知道它是否会带来解决方案。在这种情况下，你不想承诺任何事情，直到它已经被充分讨论。你不想因为说了一些你并不是真心想说的话而受到要挟。

第二个原因是为了面子。暗示某事，而不是直接说出来，这样可以让任何一方在不失面子的情况下同意某事。

第三个原因与创意的所有权有关。如果你让对方提出你的想法，那么他们更有可能同意你的想法。人们总是有自己的想法，如果你告诉别人去做什么，那么他们可能会抵制；如果你提出建议，那么你就有 50% 的机会得到他们的赞同。如果你让他们提出你的想法，他们会对此充满热情。

不声不响地发出信号

一方面，发信号允许你以一种看起来不像是你在改变的方式来改变你的立场；另一方面，允许另一方以一种看起来不像是他们在改变的方式来改变立场。

信号是一种象征，即如果另一方也准备行动，那么谈判者已经准备好行动。这听起来可能非常强大和稳健，但其中隐含的内容将或为打开谈判大门的钥匙。

"就目前的情况而言，我只能非常坚定地说'不'。"这似乎很明确，你甚至可以一边说，一边拍桌子。然而，"就目前的情况"这句话中隐藏着一个信号，即可能有回旋的余地。就目前的情况来看，"坚决不"；但如果事情有所改变（我把它留给你来决定如何改变），那么"也许可以"。

或者考虑一下"不可能在最后期限前完成"和"很难在最后期限前完成"之间的区别。二者几乎是相同的，可以说同样尖锐。然而，第二种说法有回旋的余地，而第一种说法则没有。

在这两个示例中，你可以表现得灵活而不失面子。

行动要点

让步是讨价还价的一个重要方面。

> 所有让步都应符合逻辑、贴上标签并与让步挂钩。

> 使用有魔力的词语，"如果……那么……"，它们使你侃侃
而谈，而不必在意承诺的羁绊。

> 以最好的方式传达你的信息，但要注意对方可能也会这样
做，所以要用探索性的问题挖掘对方的话背后的含义。

> 允许对方拥有好的创意。

第 18 章

对付不择手段的伎俩

在谈判史上，为了从交易中获得最大利益，不择手段的一方会使用一些不正当的伎俩。在某些文化（地域或行业）中，这是常事。事实上，在一些老式的书籍和课程中都教授了这样的技巧。

我们希望，如果你遵循了迄今为止你从本书中学到的一切，在你的谈判中就不会出现这种情况，因为对方非常尊重你，他不会做出这样的事情。强势共赢意味着双方都有信心赢得共赢。

当然，有些人可能会读到关于不择手段的伎俩的文章，然后说："这就是我一直在寻找的东西！"

想都别想，因为任何这样的策略都会失败——一旦伎俩被发现，谈判就会失败。我们在最后通牒游戏的研究中看到，如果另一方认为他被骗了，他就会破坏整个交易，即使这样做会伤害他自己。

即使对方没有发现你的伎俩，他也会有所怀疑。你将失去对方的信任和随之而来的红利。对方会很谨慎，他会防守，而且不会完全承诺任何交易。结果是，你的交易无法顺利进行，或是不会如你所愿。

是什么让把戏变得不择手段

有一件事是肯定的：把戏不会为你发出信号。别指望它会邪恶地大笑；相反，它会面带微笑地与你握手，并说："让我们一起吃午饭吧！你得告诉我你的慈善事业，这听起来是个伟大的事业，我很乐意帮忙。"

在一种情况下一个完全有效的策略，在另一种情况下可能就是一个肮脏的伎俩。本书中提到的许多行为在错误的人手中可能是一种卑鄙的伎俩。例如，如果对方在最后一刻打来电话，说有一个小插曲，那么你怎么知道对方说的是真的还是一种策略呢？如果对方的团队除了一个人之外，都支持这笔交易，那谁还需要更多的说服力——他们是在扮演好警察或坏警察，还是动真格的？

进一步把水搅浑，这很少是一个非黑即白的问题，肮脏可以涉及灰色的阴影。如果我用了某些词，而你从中得出了某种推论，那么这是我的误解，还是你的误解？如果我允许你进行某种推论，即使我知道它是不正确的，我是公平的，那么这是恶作剧还是彻头彻尾的错误？在谈判中，以最好的方式陈述自己的观点是完全公平的行为。事实上，专业的律师必须以最佳方式代表当事人，这可能意味着陈述一些事实，而不是其他事实。

大多数人会说，为了得到更好的待遇而违反法律是不对的；很多人认为说谎也是不对的，但也有同样多的人认为说谎是商业世界的一部分。当你知道你可能会接受 750 英镑的时候，你有没有说过类似这样的话："我能出的最低价是 1000 英镑。"这是个谎言。然而，大多数人在谈判中都会觉得这样说没问题。

我们进入了非常浑浊的水域。谁真的从来没有犯过这样的错误呢？问题是，所有这些灰色也影响了"骗子"。当你的离经叛道引起了对方的怀疑时，你的信任度就会大大降低。交易对手可能无法确切地指出这是什么，但他只是觉得有些东西不太合适。他很可能会报复，甚至会完全退出，他肯定会在与你的任何进一步交易中格外谨慎。至少你要付"不信任税"。

如果你的行为是卑鄙的，就算你被当场抓住，你也不能抱怨。但如果你稍微歪曲了事实呢？对方不知道这一点，他的反应可能与行为不相符。这是你自找的。

所以，当你说了一个小小的善意的谎言或耍了一个无伤大雅的小花招时，一定要小心，它可能会适得其反。

如何辨别诡计与事实

在许多情况下，有一个简单的方法来区分合理的策略和卑鄙的策略。那就是接受问题，并与另一方一起找到解决方案。如果是真的，对方会很乐意这样做；如果不是，对方会找借口解释为什么不可能。

例如，你可以利用最后期限来施加压力，迫使对方做出让步。研究表明，在时间压力下，谈判者往往会降低期望、提出较低的要求、增加让步的概率，因为他认为，如果超过最后期限，情况就会发生变化，结果要么根本不可能做到，要么条件相当糟糕。不择手段的谈判者会利用这一点制造虚假的最后期限。

有时，你可以推迟或部分满足截止日期（"好的，我们需要在截止日期前提供主要材料，但项目支持材料不那么紧急，可以晚些交付"）。或者，你可以同意最后期限，但前提是必须满足你的某些条件（"要这么快交付，我们必须投入额外的资源，所以成本会更高"）。如果你的交易对手是真诚的，那么对方会很乐意找到一个适合所有人的解决方案。

另一个例子是，你的交易对手表示，他没有得到签署协议的授权，在达成协议后，他们把协议提交给自己的上司，上司拥有最终决定权——这是完全合理的，还是偷偷摸摸的操作？如果是后者，在你没有进一步让步的情况下，上司不会签字同意。

这常常是一个真正的权威问题，而不是一个诡计。双方已经达成了很多协议，现在的挑战是回到你们各自的上司那里，把协议传达给上司。双方的上司没有建立起任何融洽的关系，也没有理解谈判中的全部复杂因素。因此，他们可能需要被说服。

所以，你要与你的交易对手合作解决问题，讨论上司的标准和要求，并帮助对方推销。

不过，如果你真的怀疑对方有阴谋，那就让对方向其上司汇报。但要强调，一切都要以整个方案达成一致为前提。如果需要任何进一步的改变，你将会根据整个交易进行审查。

如何失去一家航空公司

1999 年 11 月，理查德·布兰森（Richard Branson）宣布成立维珍蓝航空公司（Virgin Blue），这家新的廉价航空公司将在澳大利亚、新西兰，以及位于南太平洋地区的一些岛国运营。它涉及 1000 万澳元的初始投资。1 年后，它的成功造就了新加坡航空公司（Singapore Airlines）首席执行官 2.5 亿澳元的报价。这相当于 1 年内 25 倍的投资回报！当然，布兰森无法拒绝这样的提议。

唯一奇怪的是，这项提议是以最后通牒的形式提出的。双方必须在 24 小时内达成一致，否则交易将被取消，新加坡航空公司将转而承诺对其子公司安捷（Ansett）实施大规模投资计划，安捷是维珍蓝航空公司的主要竞争对手。

布兰森与其首席执行官布雷特·戈弗雷（Brett Godfrey）仔细考虑

了这一提议。虽然很难拒绝这个提议，但他们一致认为这个最后通牒有可疑之处。他们决定拒绝这个提议，拒绝 1 年获得 2.4 亿美元的利润！

第二天，安捷航空公司宣布倒闭。事情原来是虚张声势，但其中有一些蹊跷。安捷公司无法适应与维珍蓝公司竞争，是最后通牒把这件事旗帜鲜明地告诉了布兰森和戈弗雷。

新加坡航空公司在这件事上一无所获。它失去了整个航空公司，却没有任何表现。相反，如果其 CEO 与布兰森坐下来，建议合作经营，将维珍蓝最好的部分与安捷最好的部分结合起来，他们很可能会达成交易。毕竟，他们已经是另一家公司的合伙人了。

考虑到安捷的状况，你可能觉得这不是什么大事。但是，18 个月后，维珍蓝公司在澳大利亚证券交易所上市，融资 23 亿澳元！如果新加坡航空公司决定将这笔价值 23 亿澳元的业务的一部分落地，那么这笔交易将比它最终的结局要好得多。

如何保护自己免受其害

预防性措施比治疗性措施更受推崇——首先要确保这种情况永远不会发生。给自己打预防针的最好方法是使用强势共赢策略。

所以，首先，你要做好准备，深入了解你的对手，比他们更了解他们的世界。然后，他们会认识到自己的计谋是无法得逞的，他们会立刻被识破，所以他们不会尝试。

其次，也是与之相关的，就是显示你的信誉。你表现得越强势，他们就越不可能在你身上做任何尝试。想想看，没有人会对迈克·泰森耍花招。同时，你还要注重建立牢固的关系。人们不会欺骗自己喜欢的人。同理，人们也不会欺骗"我们中的一员"。

最后，你要保持警惕。如果对方给你一个免费试用的产品，请注意，当试用结束时，你会发现自己将更难与其协商条款和条件，因为你已经习惯了它。这被称为"小狗策略"——如果有人在免费试用期给你一只小狗，你永远不会把小狗还给他。

或者，如果对方用大的承诺和大的数字打动你，那你就要警惕了。要坚持实事求是，不要让自己被诱惑。

如果对方把他们的内部合同作为讨论的草案，要注意他们现在是在"主场"比赛，他们有优势。他们会得心应手，知无不言，而你可能没有机会如愿以偿地通读和消化它，所以他们可能会偷偷摸摸地做一些不明显但有关键影响的事情。对方最终付出的代价会比你们双方一起从空白页开始起草合同要少得多。

在谈判的另一端，对方把要签署的合同复印件传真给你，在加入新条款或未经讨论的变更项后，他们寄希望于你不会注意到，并在不知情的情况下签字离开。所以说，重要的一点是：仔细阅读你的合同。

管理自己的反应

有时候我们的暗示还不够，我们还是会遇到无益的行为。在这种情况下，你的行为应该更倾向于强势共赢策略的要求，同时保持和谐。

所以，管理好你的反应，不要让自己表现出愤怒，尽管你很恼火。通过保持冷静，你将能在最好的前进道路上做出可靠的决定。如果它真的不是那么重要，你可以让它过去，陪它一起玩。你甚至可以把它变成你的优势。

或者，提出问题，以明确对方的真正意图与原因。当你与难相处的人打交道时，要站在他们的立场上，从他们的角度看问题。这会让你对他们的动机有更多的了解。反过来，这将为你提供最佳的应对策略。

你不必相信他们所谓的事实。如果他们给了你一个最后期限，你可以向他们虚张声势，让最后期限过去。如果他们给了你一个要么接受要么放弃的提议，你仍然可以做出进一步的回应。事实上，你可以做几个回应，每个回应都是有条件的，即使没有他们的参与，你也在有效地继续谈判。或者，如果他们试图通过谈论竞争来吓唬你，请记住，他们与你说话是有原因的。重新关注这个原因，你就会增强自己的实力。

像往常一样，提醒他们更长远的目标和他们的备选计划，并让他们了解你的备选计划；提醒他们通过合作实现互利共赢的解决方案的好处。这将会让他们重新专注于以更有原则的方式行事。所以，再一次，给他们一条出路，让他们能够挽回面子。

强势共赢策略旨在帮助人们走向协作，并在一定程度上为双方的协作承担责任。这在一定程度上意味着，当对方对胡萝卜没有反应时，那就要慢慢警告他们，然后再使用大棒。因此，如果可以的话，再次委婉地指责他们的行为，但如果不起作用，那就直接指责。让他们知道你是按照以牙还牙的规则来运作的，所以如果他们想在谈判桌上达成最好的协议，他们就必须真诚地进行谈判。

作为最后一招，考虑一下你的备选计划——你真的想留在交易中吗？如果不是，那就离开；但如果是的话，考虑一下你有什么强有力的选择来保障诚信经营。

行动要点

保护自己远离那些可能的肮脏伎俩。

> 使用强势共赢策略先发制人。

> 通过与对方合作解决当前的问题并观察对方的反应来判断这是否是诡计。

> 表明善意行事的价值以及不这样做的后果。

> 展现实力，同时保持和谐。

第五篇

信赖

THE LEADER'S GUIDE TO
NEGOTIATION

第 **19** 章

寻求信任

谈到共赢，信任是一个关键问题。

有些人很难被信任。迈克尔·米尔肯（Michael Milken）被称为"垃圾债券之王"，他是 20 世纪 80 年代华尔街最成功的金融家之一。1986 年，米尔肯的雇主德崇证券（Drexel）的首席执行官弗雷德·约瑟夫（Fred Joseph）将公司的奖金池交给米尔肯，让他按自己认为合适的方式进行分配。

米尔肯将 1.5 亿美元分给了他的同事，其中 1000 万美元分给了他的顶级销售人员吉姆·达尔（Jim Dahl）。他告诉达尔："我真的不能给你更多了，否则你会比我赚得更多。"奇怪的是，米尔肯实际上了自己 5.5 亿美元的奖金。这比公司的全部利润还多！

1989 年，他被指控犯有 98 项诈骗罪并被判处 10 年监禁，但不到两年就被释放了。

米尔肯只是很多备受瞩目的诈骗犯中的一个。坐在桌子对面的那个人微笑着，握着我们的手，说"很高兴和你做生意"。而我们会不会有一天看到他的负面新闻出现在报纸上？

到目前为止，我们的策略一直是避免相当荒谬的低效率的掰手腕游戏。我们在现实生活中做到这一点的方法是，确保另一方也想玩共赢游戏，然后在解决问题的基础上共同努力，创造更大的价值，让所有人都受益。我们已经看到了许多能让双方取得共赢的策略——共赢思维和许多确保问题得到有效解决的方法。

但这里涉及一个重大假设，即我们可以信任交易对手。

也许对方没有真正接受我们的共赢思维，尽管他们表现出了共赢的意愿；也许我们认为我们现在可以信任对方，但他们可能会食言；也许我们很确定对方是恶意的，但我们仍然需要做一个交易……

下面我们就来看看信任不足的情况。请记住，你千万不能仅仅因为某人说了"相信我"，你就真的相信他，我们不能太天真。

我们需要巧妙地处理这一问题，强势共赢策略可以用"信任但核实"这句话来概括，它建立在四个支撑上。

- 寻求信任。信任是有回报的。
- 知道如何判断你是否可以信任某人。
- 知道如何提高对方的可信度。
- 如果你真的完全不信任对方，你知道该怎么做。

用一句话概括：信任但要核实。绝对信任并绝对核实。我们将看到如何在实践中做到这一点。

我们能完全信任对方吗

想想看，如果你从你父亲那里买了一套房子，他说："看，我已经在这里住了 20 年了，我可以告诉你，这套房子没有结构问题。"你会相信他的话，而且你为自己省下了一大笔费用。当你从一个陌生人那里买东西时，因为没有相同程度的信任，所以你要付钱。这是一种当信任不存在时应支付的"税"。

现在，就像所有的税收一样，有时它是值得支付的。无论做什么，信任越大，做起事情来就越有效率。

如果你必须对从超市买来的每一瓶牛奶都进行化学检测，以确保其安全，那么你何时才能喝上牛奶呢？一天中的每一秒，我们都对周围的世界都寄予了巨大的信任，而在任何我们不信任的时刻，它都会极大地减慢我们的速度。

当我们信任时，生活会更快、更便利。沃伦·巴菲特通过信任公司的首席执行官为自己节省了时间和金钱，他看到了从信任中获得的红利。

值得注意的是，我们永远不能完全信任一个人。一个人可能在撒谎，或者他可能有人格障碍。更糟糕的是，我们什么时候能够信任，而什么时候不能信任呢？情况并不总是那么明显。

事实上，即使我们可以信任我们面前的人，但他们可能也有其无法控制的力量，使他们不能兑现承诺。

我们不能完全信任，并不意味着我们应该完全停止信任。今天可能会有陨石砸到我的公寓，但这并不意味着，我应该在家里戴着头盔。

信任是有文化背景的

当然，信任也有文化方面的原因。如果你身处战区，那么你可能很难相信别人；如果你在修道院中，那么你可能很容易信任别人。

所谓文化，可以指地理上或种族上界定的文化，在这一层面上，信任的程度可以有很大的差异；或者，它可以指行业定义的文化。的确，在一些文化中，人们的职责是"不信任"。例如，如果你从事风险管理或保险工作，你的工作就是假设最坏的情况。在法律、医学、警务和其他类似领域，你的工作也是承担最坏的情况。因此，如果你正在与来自这些领域的人谈判，那么不要指望他们会信任你。

如果你想知道你能信任对方多少，那么请了解对方的文化。

信任是有情境的

信任也是有情境的，我们有时可以通过管理情境来提高个人的诚实程度。即使不行，我们也可以考察一下当时的情况，进一步寻找信任的线索。

相关研究发现，在如下情境中，人们更值得信赖。

- 如果他们是老年人。
- 如果她们是女性。
- 如果你是女性（研究发现，人们对女性更诚实）。
- 如果他们与你面对面地打交道。
- 如果他们认为你是值得的（例如，你代表了一个非营利组织）。
- **赢得越多**（即创造的额外价值越大）。

同样，研究还发现，在以下情况下，人们的可信度较低。

- 他们可以隐瞒自己的不诚实行为（即他们认为自己不会被抓住）。
- 他们必须努力工作，以实现共同的目标。
- 周围还有其他人也在说着狠话。
- 他们在团队中做出决策。
- 他们被反复要求行善。
- 他们认为你做得很好。

因此，努力寻求信任，你将得到丰厚的红利。但投资不都是有保障的，信任也是如此。正如我们可以通过某个工具评估一项投资的成功与否，也可以通过某项技术衡量你面前的人是否可靠。我们将在下一章讨论这些。

行动要点

信任是成功谈判的基础，并为参与方带来额外价值。

❯ 信任并寻求建立信任。

❯ 了解对方的背景和文化。

❯ 运用核查程序。

第 **20** 章

如何判断你是否可以信任对方

对方是否能交付

问问自己，对方是否有能力提供服务？他们能吗？他们会吗？

能力比意图更容易被评估，所以让我们首先解决这个问题。你需要：

- 考察对方的业绩；
- 检验对方的技能；
- 查验对方的知识。

最简单的方法是找出对方以前的表现。你将能够在谈话中对他有一些了解，记住：信任但要核实。例如，你可以与其他与他们有业务往来的人交谈，以便验证你的见解。令人高兴的是，这些因素相对具体，因此你可以很容易地验证对方的真实情况。

仍然存在的问题是，他们可能由于无法控制的问题而无法兑现承诺。这更多的是对环境的信任，而不是对人的信任。要衡量这一点，首先要做的是检验对方的交付能力。然后问几个问题。

- 什么可能阻止他们交付？
- 出现这种情况的可能性有多大？
- 预警信号有哪些？
- 在确实出现的情况下，哪些替代方案是必要的？

尽管你可能非常希望在这里有一个万能的测谎技术、一个神奇的问题或一个肯定会出现的面部微表情，但在目前的科学中，恐怕我们还无法做到这些。

没有什么比做研究和检查事实更重要的了。你能做的是，尽你所能掌握关于这件事的尽可能多的信息来源，并获得更多的观点和看法。

你需要评估他们的业绩。一般情况下，他们都是诚实的吗？他们的事实和断言是否可靠？请记住，可能存在灰色地带——是否存在某些领域是可靠的，而其他领域不可靠？和那些与他们一起工作的人交谈，以了解他们的经验。

他们是否乐于在不现实的事情上推脱呢？他们有没有更进一步，提供更多的服务？如果出了问题，他们是否负起了责任？所有这些都是值得信赖的标志。

他们是否已经做出了可信的承诺？他们是否做出了公开承诺？他们是否投入了资金、时间、声誉或其他资源？他们为实现这一目标做了什么具体的工作吗？他们做出的承诺越多，你就越有信心他们会坚持到底。如果他们已经破釜沉舟，那就没有回头路了，所以这将是一个你可以信任他们的明确信号。

我再次强调：信任但要核实，做任何需要做的研究——寻求证据、找到计算的依据、询问别人，等等。你可以很容易做到这一点，而不会威胁到对方的个人信誉。你可以说你的上司要求看这些数据。

你还要注意的是：检查直接事实，但也要寻找其他间接线索。它们与其他事实一致吗？还有哪些行为或事实与说真话或说谎话相一致？这个故事可信吗？内部是否一致？

当所罗门王面对两个声称自己是婴儿母亲的妇女时，他提议将婴儿切成两半分给她们。第一个"母亲"同意了（这不太可能是母亲的反应）。第二个母亲拒绝了，她宁愿把孩子送人，也不愿看到孩子被切成两半。她们的反应表明了谁说的是真话。

你能想到这样一个测试或者预测一些其他的预警指标吗？你可以用一些你知道答案的事情来测试他们，或者用一些可能会使他们说谎的事情来测试他们。

例如，故意不注意对你有利的事情，看看他们是否会指出来。

或者要求他们完成一项需要付出努力才能完成的任务——如果他们做到了，那么他们很可能是认真对待交易的；如果他们带着不能生产的理由回来，他们很有可能不会推进交易，尽管他们说了漂亮的话。

识破欺骗

保罗·埃克曼（Paul Ekman）被认为是测谎领域的领军人物。他是电视剧《别对我撒谎》（*Lie To Me*）的首席顾问。他对 2 万多人进行了研究，发现绝大多数人辨别真假的成功率只有 50%。换句话说，他们也可以用抛硬币的方式来决定。即使是专业人士（如法官、警察、律师、测谎专家、精神病学家等）也是如此。

然而，他发现了一小部分人，他称之为"真理奇才"，他们在辨别谎言方面的成功率一直保持在 80% 或更高。在接受调查的 2 万人中，只有 50 人达到了这一比例。

要想识别骗局，他建议：

- 在对方的叙述中寻找矛盾；
- 关注对方犹豫的时候（暗示思考）；
- 寻找细节的模糊性；
- 关注显然已经计划和演练过的细节；

- 暗示或询问被隐藏的情感（隐藏情感要困难得多）；
- 验证面部表情中任何情感的真实性（我们经常假装微笑或假装热情）。

是否有一个神奇的问题能帮助我们识破谎言？那个一定会出现的面部微表情是什么？恐怕这些问题都不会有一个确切的答案。埃克曼提出了以下建议。

- 寻找各种迹象，特别是不同渠道的迹象，而不是从任何一个单一的迹象出发。
- 寻找行为的变化。如果这是他们通常的方式，那么缺乏眼神交流并不意味着什么，但如果他们通常会进行大量的眼神交流，然后在某个特定问题被提出时突然转移视线，那么这一点就比较重要了。
- 寻找模式。在某个特定话题上出现了行为上的变化，那么就避开这个话题，看看他们是否恢复到了常态。然后再提出来，看看这种反常的行为是否再次出现。反复测试。
- 如果你怀疑某件事是因为你有反证，那就暂缓，以后再提出来。这将使他们有机会编造一个与证据不符的故事。
- 警惕确认偏差。如果你怀疑对方没有说真话，你可能会为此寻找证据，而忽略任何反证。重要的是对证据与反证要保持客观和开放的态度。

还有一点需要说明的是，上述研究结果大多来自对犯罪嫌疑人的调查。你们的谈判不能以这种方式进行！你必须在你的假设中更加含蓄。

利用身体语言发现欺骗者

身体语言通常被认为是判断一个人是否在撒谎的关键方式之一。乔·纳瓦罗（Joe Navarro）当了 25 年的联邦调查局特工，他与 9 次世界扑克锦标赛冠军菲尔·赫尔穆思（Phil Hellmuth）一起撰写了大量关于身体语言的文章，其中不乏扑克玩家的身体语言。

纳瓦罗鼓励你在以下情况下观察非语言反应。

- 谈论交易的具体事项或合同条款。
- 询问关于某一领域的问题（它可以告诉你在该领域有一些令他们不适的地方，一些你以前可能没有意识到的东西）。
- 谈论交付。
- 向对方询问可能存在问题的场景。

他赞同许多研究人员的观点：在得出任何结论之前，先确定个人的基线并寻找与该基线的差异非常重要。围绕着某些话题寻找尖峰，离开这个话题，让他们再次放松，然后再提出来，看看这种行为是否会再次出现。即便如此，这种行为也可能有不止一种可能的原因，因此你需要找出真正的原因。

如果你在与一个老练的骗子说话，纳瓦罗说，不要把注意力集中在脸上，因为有技巧的骗子可以控制这一点；相反，他强调了边缘系统，它深深地植入我们的进化程序中，这是非常难以控制的。

我们特别要注意的是任何可能被认为是"战斗或逃跑反应"的行为。他说，脚是这个系统的重要组成部分，而且往往会泄露脸所掩盖的东西。所以，寻找指向出口的脚，或者是来回移动的、充满活力的脚。

其他需要注意的行为被称为"安抚奶嘴"。这些都是在不适的想法之后发生的，它们往往是保护性或安慰性的触觉动作。即使是熟练的骗子也不总是能意识到他们在做这些。

行动要点

信任是有价值的，但我们不能总是信任。

❯ 寻找可能暗示不适或欺骗的语言和非语言信号。

❯ 从他们的自然行为中寻找迹象、模式以及变化。

❯ 最重要的是，要第一时间查证事实。

第21章

增加对方的可信度

在第 11 章中，我们介绍了如何在谈判之初就让对方形成共赢的心态，从而增加对方的可信度。在本章中，我们将探讨在交易的过程中，甚至在交易结束时，你可以采取哪些措施来最大限度地提高交易对手的可靠性，尽管你不能百分之百地确定他们是否是追求共赢的狂热者。在最后一节中，我将介绍，当你确定他们绝对不会以共赢为目标，但你还是得完成这个交易时，你该怎么做。

我再次强调：信任但要核实。正是这种验证使你能够信任对方。因此，在你完成交易时，要确保核查程序到位。

如果你完成了迄今为止本书提到的所有步骤，交易就应该结束了。这通常是一个非常自然的过程。如果正确地完成了交易，你就会相信交易会按照你的意愿实施。

冲出"不"的阴影

很显然，书面建议比口头建议更好，但在签署任何协议之前，都要冲出"不"的阴影。

通过清除"不"字，即在签名之前，消除任何分歧或潜在的执行障碍（任何可能导致"不"的内容）。一旦协议写好并签署，就很难被改变了。

在谈判开始时，含糊的语言可以达到目的，它使该协议的范围能够得到更宽松的探讨，并使对话朝着正确的方向发展。当你在其他方面取得进展时，可能会留下一些悬而未决的问题。然而，随着交易接近尾声，协议即将落实到纸上，所有潜在的分歧都需要被排除和解决。

很多交易最终都因为不同的解读而失败。双方带着对协议内容的不同理解离开，当现实情况暴露出来时，这势必会引起更多的麻烦。

- "但你说过……"
- "是的，但我指的是……"
- "哦，我以为你是说……"

除非签字了，否则当机会出现时，对方很有可能会退出。正如霍默·辛普森（Homer Simpson）所说，这是我们与动物的区别……除了黄鼠狼。

一个很好的防御措施就是要将细节具体化。如果你要在任何东西上签上你的名字，一定要确保你确切地知道它的含义和它所包含的内容。如果你同意项目将在月底交付，那么具体将交付什么？由谁来执行？将如何交付？31 日周日的午夜算月底吗？还是需要在29 日周五下午 5 点之前交付？

我们看到了"明确""恰恰是""特别是"等词语有多么强大。使用它们，以确保澄清所有潜在的分歧，先发制人吧！

预测未来情境并规范签订协议后的程序

潜在的分歧可能会隐藏在未来的场景中。为了让交易进行下去，你要预测可能发生的事件以及自己对这些事件的最佳反应。在签署协议时就这些问题达成一致要比在这些问题实际发生时再去处理容易得多。

例如，当一方想要退出合作关系时，会发生什么？如果特定的外部环境影响了形势，会发生什么？如果交付不符合要求，会发生什么？找出使意外情况有可能发生的结构性因素，并努力在协议中体现出来。查明协议的连锁反应，以及如何在商定的解决方案和书面协议中考虑到这些影响。花时间与对方一起思考交易的整个过程、它可能会如何进展，以及可能会出现什么情况。现在最好先发制人，即使发生这些情况的可能性很低（但潜在影响很大）。

我建议，用发展的眼光看待协议、使用现在时进行讨论，因为事态很可能会不断进展。你要让对方了解他们的交易、他们的行动和你的行动，也要让对方了解他们将获得的利益。这会引导他们提前设想各种场景，所以无论发生什么事情，他们都不会感到特别惊讶。如果你认为可能会有棘手的问题，或者对方有不兑现的记录，那么这一建议尤其重要。

尽管有最好的计划，但事情仍然可能出错，所以趁大家还在微笑和握手的时候，最好先发制人。

现在就确定双方都满意的核查程序，包括处理争议的程序。不用说，最轻松的方法往往是最成功的，所以在事情还没有变成重大问题之前，只要双方沟通好就可以了。但前提是，你要有更正式的问题解决流程，以备不时之需。第三方可以在核查和解决争端中发挥作用。

哈佛大学的管理经济学教授霍华德·拉伊法（Howard Raiffa）提出了"结算后和解"的概念。这意味着在谈判达成协议后，将协议提交给第三方，看他们是否能够改进该协议。当然，任何一方都可以否决任何修改建议。

其实，如果协议流程包括审查，以寻求对交易的改进，那么就无须有第三方的参与。同样，任何一方都可以否决任何改变，并将最初的协议作为最终协议。

形成书面协议

除了保护你的后续行为，书面协议还涉及更大的心理承诺。即使我们与自己谈判，如果我们写下自己的目标和实现目标的日期，我们就会更成功地减肥。在与他人打交道时也是如此。

我的建议是，准备好文件，以便当场签字。这减少了人们改变主意的机会。一旦签订了合同，对方就很难修改条款了。相反，如果对方向你提供了他们的模板，而你要求做大量的修改，那你就会处于劣势。

为会议准备好文件还可以避免一种特别不正当的做法，即一方当事人附上合同副本并要求你签字，但该副本包含了从未商定的修改。如果你确实发现自己通过邮寄或电子邮件收到了相关的副本，请确保该副本与你同意的副本完全相同。

当然，在会议中签署文件的缺点是，它不会给你时间仔细考虑全部影响，所以如果你觉得你需要这个时间，一定要把协议带走，等你考虑好的时候再签署。

公开协议

出于声誉的原因，公开的协议更有可能被很好地遵守和执行。如果交易对手食言，那么所有的人都会知道，这将使对手难堪。

同样，如果我告诉其他人，我将更成功地实现我的减肥目标，他们会监督我的执行情况。和别人达成协议也是一样的。

声明越大，承诺越多，回旋的余地就越小。例如，为公开的协议冠以大头衔，或者举办盛会和仪式。最早已知的外交协议是邀请神明见证，因此，任何违背协议的行为都会引发神明的报复。如今，这样的仪式不那么常见了，但引起公众的反对也有类似的效果。

此外，为实施计划而采取的任何实际的、公开的行动也将增加对方对该计划的承诺。

增加对方对交易的所有权

当然，任何针对交易的行动，无论公开与否，都增加了对方兑现承诺的可能性。对方在兑现承诺方面投入的努力越多，他们就越不可能违背自己的承诺。

任何能增加对方对交易的认同感或所有权的东西，都会增加他们对交易的承诺。所以让解决方案成为他们的想法是一种有效的途径。如果这是对方的主意，他们就几乎不可能认为这是一个坏主意。

或者，你可以同时提供多个解决方案或提供不同的套餐（每一种你都很满意），然后让对方选择。你看起来很慷慨、很有创意。

他们不想全部拒绝，这样看起来太没有合作意识了。即使他们拒绝了，他们也可能只是为了修改你的建议，而不是直接拒绝。

重要的是，允许对方选择会让他们拥有最终协议的所有权，这样一来，他们就更有可能实施该协议了。当然，你没有理由不给出一个选择，同时你还应该推荐一个特定的方案（事实上，人们往往喜欢有这样的指导）。

有些过程将信任内在地锁定在交易中。考虑一下"我切蛋糕，你来选择"的方法。两个人一起把一个蛋糕分成两份，谁也不相信对方会平分蛋糕。但如果我切蛋糕，而你选蛋糕，那么尽可能公平地分蛋糕是符合我方利益的。现实生活中的一个例子是，双方共同拥有一项资产，其中一方决定退出。公平的方法是由一方设定价格，另一方决定是否要以这个价格买入或卖出自己的股份。因此，动机是给出一个公平的价格。

当然，尽管我们非常希望把人锁住，但没有什么锁是无法被撬开的，因此我们的目标是尽我们所能，最大限度地增强人们对交易的信心。我们已经看到心理锁定是强大的，因此，建立牢固的关系、建立信任和团队合作是极其重要的。把关系构建成一张网，把相关的各方和利益联系起来，联系越紧密，这张网就越难被破坏。

更具体的方法包括构建交易，以激励对方交付（如分期付款或货到付款），同时，随着协议的延续而增加利益，随着交付的改善而增加利益。确保你的行动跟在对方的行动之后，并以小步骤的方式进行，你的每一个行动都取决于对方完成一个行动。这样一来，如果对方反悔，你就可以将你的风险降至最低。

交易结构还可以包括罚款、高额的转换费用或其他条款，这些条款足以让人感到痛苦，但又足以让人相信它们会被援引。

> **行动要点**
>
> 完成交易很重要，但最重要的是执行。
>
> ❯ 在结束谈判之前，消除任何潜在的分歧。
>
> ❯ 预测未来的情况，包括解决争议的程序。
>
> ❯ 以书面形式记录所有这些内容。
>
> ❯ 通过惩罚条款、利用公开承诺的压力或其他方法保障协议的执行。

现实生活很复杂

人是善的还是恶的？你能相信别人吗？你应该是无私的，还是自私的？你应该是控制欲强的，还是比较随性的？当我还是个孩子的时候，我问过我妈妈这些问题，她含糊地说了些什么，然后说她得去洗衣服了。

在现实生活中，我们很难用任何程度的确定性来解决这些问题，因为很难分离出原因，也很难衡量影响。答案取决于你的经历、文化、你当天的心情，以及他们当天的心情。

1980年，游戏理论家罗伯特·阿克塞尔罗德（Robert Axelrod）教授试图通过使用更可控的虚拟环境来解决复杂的问题。他举办了一场比赛，参赛者提交计算机程序，以赢得"囚徒困境"锦标赛。囚徒困境是博弈论的支柱，代表着参与者既可以合作也可以欺骗的情形。个人的最佳策略是欺骗，这对游戏中的两个参与者都是如此，如果两个参与者都作弊，那么每个人都会变得更糟。每个人选择自己的最佳解决方案的结果是，各方都变得更糟。

参赛者提交的每个程序都代表了不同的策略（例如，"总是合作"或"总是作弊"），比赛的目的是为了看看在与世界上其他策略进行较量时，哪种策略最有效。

该比赛将合作／竞争的困境分解为简单的、可衡量的要素，然后从提交的各种战略中，使每一种战略都反复对战。这很像我们真实的生活。

事实证明，最简单的策略是最成功的。

为什么西线"一切都很平静"

在第一次世界大战中，德军和盟军之间的阵地战是针锋相对战略的一个令人震惊的例子。根据托尼·阿什沃思（Tony Ashworth）的研究和阿克塞尔罗德（Axelrod）的描述，双方的军队都试图避免向对方开火。

如果英国人开火并杀死了五个德国人，那么德国人就会还击，直到他们杀死了五个英国人。如果法国人在战壕上空开了一枪，那么德国人就会还击两枪。但双方都不会故意开第一枪。

这是一种很早就形成的战术。甚至在 1914 年，在吃饭时间、恶劣天气、休息时间都有"休战"。最著名的是，在圣诞节，他们在战壕之间的无人地带踢了一场足球。慢慢地，这些休战期延长了。人们会注意到，双方都没有故意先背叛。但不管出于什么原因，如果一方真的背叛，就会立即遭到报复。

当然，对于战壕里的士兵来说，这是迄今为止最好的战术，因为没人受伤！但对于试图赢得一场战争的总部高层来说，这并不那么好。因此，部队将不得不偶尔开火，以显示他们是认真的。但是，即使是那样，他们也会故意放过对方。这是为了向他们的上级军官表明，他们是好战的，并试图赢得这场战争，但同时也向他们的对手表明，他们是可以被信任的。但如果任何一方真的违反了协议，就会立即遭到愤怒的报复。

以牙还牙是否可取

当然，以牙还牙取决于两方之间的进一步会晤，或者至少双方有足够大的机会再次会晤。否则，就不会有以牙还牙的机会。在这种情况下，恶棍或流氓可能会想玩一场卑鄙的游戏，因为他们知道不存在报复的威胁。

重复的球员是指经常参与特定类型谈判的人，一次性的球员是指对他们来说这可能是他们唯一的一次谈判。例如，如果你从经销商处购买汽车，你可能是一次性参与者，而经销商是重复参与者。显然，重复玩家比一次性玩家拥有更多的知识和技能。

与其他重复玩家合作的重复玩家知道，如果他们不真诚行事，就会破坏未来的交易，从长远来看，他们将会失败。然而，当重复玩家面对一次性玩家时，他们可能会受到诱惑（通常是受到鼓励）来利用这种力量差异，因为重复玩家知道他们不太可能再次遇到一次性玩家。

声誉不佳的债券交易员在游戏中积极寻找"傻瓜"，而"傻瓜"总是不知道规则的局外人，他们不是重复玩家。除了债券交易员、汽车经销商、金融销售人员、房地产经纪人、律师和任何其他重复的玩家都会利用不懂规则的大众的信任。

重复的玩家很可能会再次遇到他们的对手，所以需要警惕报复行为。在某种程度上，我们从不处理一次性的情况。你可能不会再见到某个对手，但你很可能再见到他的同事、朋友，或者他的一位朋友曾经听过关于你们的故事。

这是一个非常小的世界，很有可能在某一时刻，该来的总会来。引用汤姆·克鲁斯（Tom Cruise）扮演的杰里·马奎尔（Jerry Maguire）所模仿的美国顶级体育经纪人利·斯坦伯格（Leigh Steinberg）的话："我所知道的关于商业的一件确定的事情是，如果你把脚踩在别人的脖子上，那么在未来的某个时刻，那个人也会把脚踩在你的脖子上。"

> **行动要点**
>
> 在谈判接近尾声时，以下建议将会对你有帮助。
>
> 〉友好：从合作开始，只要对方合作，就继续合作。
>
> 〉会被激怒：一旦对方背叛，立即进行报复。
>
> 〉原谅：当对方恢复合作时，再次合作。
>
> 〉明确：让对方知道你在做什么以及你为什么这么做，这样
>   他们就知道会发生什么。
>
> 〉不要嫉妒：最大化你的回报。
>
> 〉让对方先退出，但他们要非常清楚你的下一步反应。
>
> 〉如果对方是"惯犯"，而你不是，那么要格外小心；如果你
>   只可能处理这一次，那么要格外谨慎。

第22章

如果你真的完全不信任对方该怎么办

心理学家发现了一个黑暗的三重人格特征——自恋（自负的虚荣心）、马基雅维利主义（操纵行为）和精神变态（不道德行为加上极低的同情心）。拥有这些人格特征的人的共同点是：缺乏同情心。

如果你不幸在和这样的人谈判，那么你需要运用不同的谈判策略。

事实上这类人格在整个社会中比我们想象中要普遍，他们经常以一种非常正常的面孔出现在别人面前。有研究表明，这类人在人群中的比例高达 4%。这意味着每 25 个人中就有一个这样的人，所以你遇到他们的概率不会太小。而且他们通常很难被识别，他们不会给你一张写着"精神病患者"的名片。他们往往非常善于采用一种容易被接受的人格。

这并不意味着你无法与这些人沟通。如果你把你的信息放在对他们有利的方面，即使是一个精神病患者也会受到影响。此外，一个人对他人完全没有同情心是非常罕见的。

如果你发现自己在谈判桌上遇到了一个有心理变态倾向的人，你能做什么呢？

如何与鳄鱼谈判

永远不要对鳄鱼微笑！但如果它对你微笑，那你就要当心了。

大多数人在面对鳄鱼时，都会以最快的速度跑得越远越好。这是明智的策略。但是，如果你发现自己处于一种不得不与之打交道的境地，你当然不会依靠它的利他主义来达成共赢。

假设你是一名动物园管理员，你想把一只鳄鱼从一个笼子移到另一个笼子，你不想采取武力手段让它平静下来。你可能会执行以下操作。

- 考虑你是否真的必须这样做。
- 询问是否有比你更合适的人选。
- 确保你训练有素。
- 确保你有很多支持。
- 确保你有镇静剂等物品作为后援力量。

- 减小其伤害你的能力（如在它下颌上套上套索）。
- 用一串肉来引诱它，让它去你想去的地方。
- 作为开始，你可以把它往正确的方向推一推。
- 通过封锁逃生路线，减少其前往其他地方的选择。

如果你发现自己在与一只人类"鳄鱼"谈判，类似的原则也适用。

回到地球上

我不想让你带着这样一种想法逃跑：外面的每个人都是精神病患者，没有人是可以信任的。事实上，即使是精神病患者也不会伤害他遇到的每一个人！我们只是在考虑最坏的情况。

请记住：强势共赢策略意味着适当的信任。这意味着你要寻求信任，并获得信任红利。我假设，大多数情况下你可以信任对方。但是，即使你不能信任某人，你也要知道如何判断以及怎么做。

这种方法在大多数情况下会带来成功，但不是全部。如果地球被陨石击中，或者在你的附近发生了爆炸，抑或是当你在对付一个有庞大军队支持的精神病患者时，强势共赢策略就不起作用了。幸运的是，所有这些情况都极不可能发生。

在所有其他情况下，按照强势共赢的方法，你会得到你想要的结果。即使这个结果意味着你的备选计划要泡汤了。

永远不要对鳄鱼笑

奇托（Chito）是一位 52 岁的哥斯达黎加农民，他在丛林中遇到了一条 5 米多长的鳄鱼。鳄鱼受伤了，它的头部中了一枪，快要死去了。奇托的想法与大多数人不同。

他把这条鳄鱼装上他的船，带到他的农场，给它治伤，为它提供药和食物。他还给它起了个名字，叫波乔（Pocho）。他甚至把它带到家里照顾它，晚上会睡在它旁边。奇托说："我只是想让它感觉到有人爱它，不是所有的人都是坏的。"最终，波乔的情况有所好转，当然，它不得不被送回野外。奇托把它放回船上，把它带到一个湖边，让它下水，奇托说了再见。

但是，就像所有美好的爱情故事一样，它还没有结束。

值得注意的是，鳄鱼从水里爬了出来，跟着奇托回家了！那是爱！

在他们初次见面 20 年后，他们仍然是最好的朋友。当奇托叫它的名字时，波乔来了。他们会一起游泳，在水中嬉戏。

奇托抱着它，骑在它背上，把他翻过来，甚至亲吻它的鼻子。

据估计，波乔大约有 50 岁了，他们年龄相仿，来自同一个社区，他们有很多共同之处——这就是和谐的力量！

20 年过去了，他们依然是最好的朋友。鳄鱼一直在微笑，奇托也是。

后 记

　　这就是你需要知道的一切，现在，你可以成为一位伟大的谈判者了。

　　现在，走出去，把你学到的一切付诸实践。这本书里的一切都是理论，只有当你用这些理论做点什么的时候，它才会变得真实。从来没有人通过读书就能学会游泳。

　　当你付诸实践的时候，我敦促你以道德的方式这样做。伦理学确实超出了本书的范围。我希望世界变得更美好，我的很多工作都是在考虑到这一点的情况下进行的。

　　重要的是你的行动，而你的行动就是你的选票。如果你的行为带有欺骗性或是你采取了强硬的手段，你就是在为一个充满欺骗和冲突的世界投票，你很可能会得到这样的世界。当你下一次听到有关诈骗犯的新闻，或者当一个政客决定在你的后院修建一条公路，抑或是当一个孩子偷了你的钱包时，你将无法抱怨，因为这是你投票选择的世界。

指责他人（银行、监管机构、媒体、政客、失业者、富豪）没有任何好处，我们所有人都有责任。我们都身处其中，我们都需要改变。

你的行为对你的文化有贡献，所以你要创造你想看到的文化。你有没有注意到，在超市排队时，如果你对收银员友好而健谈，反过来，收银员对排队的下一个人也会更加友好。这产生了涟漪效应。而且下次你在那里的时候，你前面的人很有可能会对收银员很友好。

世界需要更多的人站起来坚持他们的价值观，坚持他们所知道的正确的事情，尽管这并不总是容易的。本书中概述的强势共赢策略有助于你实现这一点。这是一种符合道德标准的谈判方式，即使你根本不在乎道德，它仍然是最好的方式，即便是出于自私的原因。无论你的动机是什么，这个策略都会产生合乎道德的、成功的结果。

当你把这些原则付诸实践时，你会取得巨大的成果。共赢具有"传染性"。当人们看到它带来的积极成果时，他们就会意识到其优势，并更多地去实践。

你们可能都见过这样一位优秀的谈判者，他似乎用魔法创造了结果。事实上，这不是魔法，这是一种技巧。

你现在也掌握了这种技巧。使用你在本书中掌握的工具，走出去施展魔法吧！为了得到最好的交易，为了创造最好的生活，为什么不呢？

版 权 声 明